教育ジャーナル選書

# 気になる子の体育

## つまずき解決BOOK
### 授業で生かせる実例52

監修：阿部利彦
編著：清水 由・川上康則・小島哲夫

学研

## はじめに　「できる」「楽しい」体育授業をより多くの子どもに

## 1 子どもたちにとって「体育」とは

　学校生活で、子どもの「できる・できない」がはっきり見える活動というと、やはり体育や音楽といった実技科目が挙げられます。なかでも、体育の得意・不得意は子どもたちの大きな関心事です。それは、子どもたちの中に、運動ができる＝かっこよくて一目おかれる存在、という価値観が浸透しているからでしょう。ですから、体育が苦手だと「とろい」「どんくさい」など、その子のマイナス評価に直結してしまいます。

　また、例えば算数や国語ができないことでクラスメイトに迷惑をかける可能性は低いのに対し、足が遅かったり、ボールの扱いが苦手だったりすると、競争場面でチームやクラスの足を引っ張ってしまう心配が生じます。

　つまり、体育の苦手さが、その子の学校生活全般に大きな影響を及ぼす場合があるのです。運動会の練習や体育祭をきっかけに不登校になってしまうケースもあります。他者の評価に敏感な子どもにとって、「体育」は精神的プレッシャーを強く感じる場面なのです。

　一方で、自己の体をうまくコントロールできる子どもは、日常生活で生じるさまざまな危険を回避することもできるため、体育というのは、もしかしたらその子の人生をも左右する要素になり得るのかもしれません。

　運動が苦手な子や発達が気になる子への体育実技の効果的な指導法を知り、実践することで、その子の学校生活、ひいては将来の生活を豊かにしてあげられる可能性があるのです。

## 2 体育が苦手な子どもの特徴

　さて、体育が苦手な子の特徴について考えてみると、授業中の気になる行動と関連があることがわかるはずです。

　例えば、姿勢保持について考えてみましょう。体育が苦手な子というのは、授業中いつも体が動いていたり、姿勢が崩れやすかったり、机に伏してしまったり、と姿勢に関して気になることがあるはずです。発達的な課題がある子どもには、しばしばこの姿勢保持の困難さがみられます。姿勢が悪いと「だらしない」と思われがちなので、体育の場面でちゃんとできないのはだらしないせいだ、不真面目な子だ、とみなされてしまうこともあるでしょう。

　しかし、「ちゃんとしなさい」「背筋をピンと伸ばしなさい」とたびたび注意しても数分たつと崩れてしまうような子どもの場合、うまく物が扱えない、注意を必要な場所に向けられない、力のコントロールがうまくできない、などの問題を同時に併せ持っていることが多いのです。

　また、例えば下校前にランドセルを自分のロッカーへ取りにいくとき、ほかの子とうまくすれ違えずに相手の足を踏んでしまう、クラスメイトの机の上の物を手で引っ掛けてしまう、ランドセルがぶつかってしまう、といった場面を見かけるかもしれません。あるいは掃除の時間にほうきを振り回していたら、わざとではないけれどほかの子に当たってしまった、というような子もいるでしょう。

　そういう子たちは、自分の体の大きさを正確にイメージして動くことができないのです。さらには、物を持った際の他者との距離の取り方についてもイメージができていない可能性があります。体育の時間、先生に「隣の人とぶつからないように広がって」と指示されても、近寄りすぎたり、離れ過ぎたりしてしまったりします。このように、ボディイメージがうまくできていないと、ほかの子とのトラブルや体育の苦手さの原因になってしまうのです。

　ほかの視点を挙げてみますと、例えば列をつくって並ぶとき、前後の友だちを押して間隔を大きく空けようとしたり、妙に離れたがったりするような場合、その子にパーソナルスペースの課題があ

るのかもしれません。パーソナルスペースとは、他者が自分に近づくことを許せる自分の周囲の空間のことで、「心理的縄張り」ということができます。ほかの子どもよりも広いパーソナルスペースを必要とする子どもは、集団活動のさまざまな場面で浮いてしまいます。

　この課題に影響するのが、さまざまな感覚過敏です。感覚過敏には触覚過敏、聴覚過敏、味覚過敏などがあり、これらは気持ちの問題などではなく、実際に本人にはその感覚が過剰に感じられています。ですから、感覚が過敏であるがゆえにいたたまれず、他者との距離をとても広く取ろうとすることがあるのです。この場合は触覚防衛反応の表れといえるでしょう。

　さてこれらを整理すると、①姿勢保持困難、②ボディイメージの未熟さ、③パーソナルスペースの課題（離れすぎる、近寄りすぎる）、④感覚過敏、となります。日常場面でこのような課題があると、体育の授業でも、正しいポーズをする、うまく体を使う、仲間に合わせるといったことが難しくなってしまうのです。一見「だらしない」「いい加減」「なまけ」と思われがちなこれらの課題は、「我慢」「慣れ」「根性」などで克服できるものでは到底ありませんが、本書に沿った指導を通じて改善できるものもあるでしょう。

## 3　気になる子のアセスメント

　発達が気になる子をアセスメントする際の着目点には、体育に関連した項目もあります。例えば、「目をつぶった状態で片足立ちをさせてみる」というものです。こういう子どもたちは一輪車やなわ跳びなどがうまくできずに困るケースがよくあります。バランスを取る、ということに課題がある子も多いので、サーキットトレーニングなどを実施してその力を育てていく訓練も有効になってきます。

　こんな方法もあります。大人があるポーズをとり、数秒間子どもに見せたあと、目をつぶらせ、その間に大人がポーズの一部を変えます。前と後でどこが変わったか、を当てさせるというものです。そんなこと簡単だろう、と思われる方も多いかもしれませんが、国語や算数はよくできるのに、人を見て行動を模倣したり、注意深く人を観察したりすることが上手くできない子もいるのです。こういう子どもたちは、先生や友だちのお手本を見ても「どこに着目したらいいかわからない」「どうまねしたらいいかわからない」ために、自己流が修正できないわけです。

　言語指示を聞いて体を動かす、というチェック方法もあります。例えば「自分の右手で左耳を触って」「左手をあげたまま、右膝を前に出して片足立ちして」などと言われてそのポーズがとれるか、というものです。

　また、先ほど感覚過敏について触れましたが、感覚の課題を調べるには、2点識別覚をチェックする方法があります。目をつぶってもらい、その子の体の2つのポイント（例：左手と右手）に大人が同時に一瞬触れます。その後、「さっきどこを触ったかわかる？」と聞きます。両方答えられるといいのですが、どちらかしか答えられない子どももいるのです。

　ほかには、例えば子どもに右手をグーにしたまま目をつぶってもらい、大人が子どもの右手を動かしてキツネ（影絵でやるような）の形に変えます（キツネでなくほかの形にしても構いません）。子どもは目をつぶったままそれを感じ、左手を同じ形にする、という方法です。

　このように、前述したような感覚のさまざまな課題も、体を使うことの苦手さにつながっている可能性があります。

## 4　自分の体とのつき合い方を具体的に教える

　前項のようなアセスメントで課題がみられる子は、友だちとトラブルになりやすい、けがをしやすい、疲れやすいといったことから、学校だけでなくその後の生活でも生きにくさを抱えやすいといえ

るでしょう。

　ですから、子どもたちが体育を通じて自分の体について学び、効率的に動いたり、目的を持って動いたり、相手に合わせて動いたりするコツを知るというのは大変重要です。体育の授業にうまく参加できるだけでなく、より安全に生活するための土台づくりもできるのです。また、努力することによって自分の体が変わっていくのを知ることもできます。

　その際に大事なことは、動くときのポイントやコツを「具体的に」教えるということです。感覚的な指導に頼らずに、指導を言語化し、視覚化することは、非常に有効な支援です。また、子どもたちの動きを撮影し、動画を見ながら自分の動きを先生と一緒に振り返る、という方法も大変役に立つでしょう。

　ボール運動などのチームプレーにおいては、仲間の動きに合わせたり、相手チームの動きを予想したりするうちに、見通しを持って行動したり、相手の立場に立って考え協力したりすることを身につけられます。「勝ち負け」へのこだわりの軽減にもつなげることができるでしょう。そのためには、体育でのコミュニケーションを「当たり前のこと」とせず、スキルとして教える視点も必要です。応援のしかた、負けたときのリアクションのしかたなど、ソーシャルスキル指導の発想を取り入れることで、子どもの学びはさらに豊かになるのです。ほかにも体育では、自己理解、他者理解、協力、自己主張など、ソーシャルスキル指導としての側面が期待できます。

　このように、体育というのは、自分の持ち味や弱さを知り、訓練によって伸ばせるところは努力して伸ばし、それでも難しい部分は仲間と助け合う、ということを学べる教科なのです。本書のP81で渋谷先生も触れていますが、体育の授業の中で「競争（競走）」と「共生」の両面をどうバランスよく取り入れていくか、がポイントになってくるのです。

## 5　体育の授業は教師にとっても　ユニバーサルデザイン化されているか？

　体育は苦手、という思いは、小学校などの場合、子どもだけでなく、教えている先生ご自身も感じている可能性があります。前述のように、体育の授業は子どもたちのさまざまな力を引き出せる可能性を持っていますが、そのような体育の授業を行うことは実際問題として難しいのでは、と正直感じておられるかもしれません。

　そこで本書では、より多くの子どもたちにとって満足感、達成感を得られる授業をめざすとともに、それを行う先生方にとっても、焦点化・視覚化された実行しやすい指導を提案しようとユニバーサルデザイン化を試みています。

　体を動かすことは気持ちがいい、気分転換になる、楽しい、そう思える子どもばかりではありません。体育の時間は嫌なことを無理にさせられる、大きな声で注意される、クラスメイトの前で恥ずかしい思いをする……そう思ってしまうと、楽しく体育に参加することができなくなります。反対に、自分を受け入れてくれる仲間たちと一緒に、安心して体を動かすことができたなら、その体験は楽しいものになっていくでしょう。

　新しいことを学習するときにもっとも効果的なのは「楽しく学ぶ」ことです。本書では、体育の楽しさを子どもたちに実感してもらえるよう配慮しているとともに、先生も楽しめるように工夫しています。先生も一緒に楽しみながら、体を動かす活動のよさを多くの子どもたちに知ってもらえるといいですね。

　ぜひ本書を活用して、体育授業のユニバーサルデザイン化をめざしていただきたいと思います。

（阿部利彦）

# 目次 CONTENTS

**はじめに** 「できる」「楽しい」体育授業をより多くの子どもに —— 阿部利彦　2

**序章** 苦手やつまずきを解決するために —— 川上康則・清水 由・小島哲夫　9

## 1章 体つくり運動

短なわ跳び（前回し）
リズムよく前回しができない子 —— 松川好孝　26

短なわ跳び（あや跳び・交差跳び・二重跳び）
腕を交差させたつもりの子、なわを速く回せない子 —— 清水 由　28

長なわ跳び
長なわ跳びでうまく入れない子 —— 小島哲夫　30

鬼ごっこ①
すぐに捕まってしまう子 —— 川上康則　32

鬼ごっこ②
タッチされると怒る子 —— 川上康則　34

姿勢保持・身体操作
すぐに姿勢が崩れたり、座り込んだりしてしまう子 —— 清水 由　36

力加減の調節
力加減の調節が苦手な子 —— 川上康則　38

◎ 固定遊具を使った遊び —— 清水 由　40

● 体つくり運動と感覚 —— 阿部利彦　42

## 2章 器械運動

マット運動（前転）
まっすぐ回れず、左右に曲がってしまう子 —— 小島哲夫　44

マット運動（後転）
怖がって、勢いよく回れない子 —— 川上康則　46

マット運動（側方倒立回転）
側転をしようとして、ひっくり返ってしまう子 —— 清水 由　48

マット運動（壁逆立ち）
背中を打ったり、頭を打ったりしてしまう子 —— 清水 由　50

鉄棒運動（逆上がり）
失敗ばかりして、諦めている子 —— 清水 由　52

鉄棒運動（前回り下り）
前回りをすると体が反り返ってしまう子 —— 清水 由　54

鉄棒運動（かかえ込み回り）
痛くて回ることが楽しめない子 —— 清水 由　56

跳び箱運動（開脚跳び①）
怖くて、どうしても跳び越せない子 —— 清水 由　58

跳び箱運動（開脚跳び②）
リズムが合わず、力強く踏み切れない子 —— 小島哲夫　60

跳び箱運動（台上前転）
すぐに頭を着けてしまい、うまく回れない子 —— 小島哲夫　62

跳び箱運動（シンクロ跳び箱）
達成感が少なく、意欲が上がらない子 —— 小島哲夫　64

● 運動とラテラリティ —— 阿部利彦　66

## 3章 陸上運動

かけっこ①
コースをまっすぐ走れない子 ── 渋谷 聡　68

かけっこ②
手足の動きがぎこちない子 ── 渋谷 聡　70

リレー
足の速さで勝負が決まり、リレーを楽しめていない子 ── 渋谷 聡　72

ハードル走
リズムやタイミングの取り方が苦手な子 ── 渋谷 聡　74

走り幅跳び
両足で踏み切ったり、低く跳んでしまったりする子 ── 松川好孝　76

走り高跳び
記録が伸びず、意欲が上がらない子 ── 山下大晃　78

◎「走る運動」の指導アイデアを考える ── 渋谷 聡　80

●体育における指導の工夫 ── 阿部利彦　82

## 4章 水泳

水慣れ（顔つけ）
水に顔をつけられない子、目を開けられない子 ── 川上康則　84

水慣れ（浮く）
プールの底から足を離すのが怖い子 ── 清水 由　86

水慣れ（背浮き）
力が入って沈んでしまう子 ── 川上康則　88

水慣れ（呼吸）
水中でうまく息が吐けない子 ── 小島哲夫　90

クロール（キック）
ばた足がうまくならない子 ── 川上康則　92

クロール（手のかき）
手のかきが横に流れてうまく進めない子 ── 小島哲夫　94

クロール（呼吸）
顔を前に上げて呼吸しようとする子 ── 小島哲夫　96

平泳ぎ（キック①）
キックの感覚がつかめない子 ── 川上康則　98

平泳ぎ（キック②）
浮けない不安からかえる足が習得できない子 ── 結城光紀　100

●体育におけるリフレーミング的指導 ── 阿部利彦　102

## 5章 ボール運動

すべてのボール運動に必要な基礎的な動き
最初から「無理！」と決めてしまう子 ── 清水 由　104

投げる
同じ側の手と足が同時に出てしまう子 ── 小島哲夫　106

捕る
うまくボールをキャッチできない子 ── 小島哲夫　108

ゴール型（めちゃサッカー）
ゲームに熱中できていない子 ── 小島哲夫　110

ゴール型（I型ゴールサッカー）
サッカーで活躍できず、すねてしまう子 ── 北村尚人　112

### ネット型（ソフトバレーボール①）
ラリーが続かず、ゲームを楽しめていない子 ———— 小島哲夫 **114**

### ネット型（ソフトバレーボール②）
ルールや状況がわからず、ゲームに参加できない子 ———— 結城光紀 **116**

### ベースボール型（ティーボール）
技術やルールが難しくて、ゲームを楽しめていない子 ———— 小島哲夫 **118**

◎「ボール運動」領域の授業をシンプルな学びに ———— 清水 由 **120**

●ボール運動とビジョントレーニング ———— 阿部利彦 **122**

## 6章 表現運動

### 表現①
動きの模倣が苦手な子 ———— 川上康則 **124**

### 表現②
恥ずかしがる子、動き方がわからず戸惑う子 ———— 松川好孝 **126**

●表現運動とさまざまな機能 ———— 阿部利彦 **128**

## 7章 ソーシャルスキル

### ルール
ルールを守れない子 ———— 川上康則 **130**

### 人のせい
人のせいにする子 ———— 川上康則 **132**

### 勝ち負けへのこだわり
勝ち負けにこだわりが強すぎる子 ———— 清水 由 **134**

### 結果を引きずる
結果をずーっと引きずる子 ———— 川上康則 **136**

### 自己肯定感
自己肯定感が低い子 ———— 山下大晃 **138**

### 自己有能感／自己有用感
動き方がわからず、迷惑をかけていると悩む子 ———— 北村尚人 **140**

●体育の授業で「ソーシャルスキルトレーニング」 ———— 阿部利彦 **142**

## 8章 体力テスト／運動会／応援

### 体力テスト
順番を待っていられない子、行い方がわからない子 ———— 川上康則 **144**

### 運動会
運動会シーズンになると不安が強くなる子 ———— 川上康則 **146**

### 応援
仲間にきつい言葉をかけてしまう子 ———— 清水 由 **148**

## おわりに
体育と発達障害　子どもの特性を踏まえて ———— 阿部利彦 **150**

# この本の使い方

体育が苦手な子、ちょっとしたつまずきがある子、支援を必要とする子。この本は、そんな子どもたちの苦手やつまずきを解消するための、実例に基づいた解決策を豊富に掲載しています。体育の授業をとおして、子どもたちのさまざまな能力を育み、生き生きとした学校生活を送れるよう、ぜひご活用ください。

通常学級の体育で「気になる子」**52例**を取り上げています。

解決に向けた具体的な実践を「応援プラン」として紹介しています。

**アドバイス**
言葉かけのヒントや、子どもの動きで見るべきポイントなど。

**安全アドバイス**
活動するうえで、安全面で気をつけるべきポイントなど。

**苦手・つまずきの背景**
苦手やつまずきの背景と、その解決に向けたアプローチのための視点です。

解決に向け、具体的な手だてを考えるうえでのポイントです。

 **P65 参照**
関連するページです。

動作の説明（イラストも含む）は、右利きの場合で示しています。

**参考文献**
参考にした書物・雑誌、HPなどを紹介します。

苦手・つまずきを解決する手だてを、主に3つの視点で紹介しています。

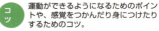 運動ができるようになるためのポイントや、感覚をつかんだり身につけたりするためのコツ。

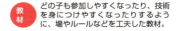 どの子も参加しやすくなったり、技術を身につけやすくなったりするように、場やルールなどを工夫した教材。

発達障害のある子の背景や個別の支援の方法など、特別支援教育の視点に基づいた支援の工夫。

 **ワンポイント**
知っておきたい用語など。

 発達段階を考慮した応用例など。

 注意しておきたいことなど。

# 序章
## 苦手やつまずきを解決するために

川上 康則
運動ができるようになることの意味
「特別支援教育」の視点から、背景とアプローチのしかたを考える
特別支援教育と体育の融合で効果的なアプローチを考える

●

清水 由
「体育」の視点から、背景とアプローチのしかたを考える

●

小島 哲夫
運動を「楽しめる」子どもを育むために

川上康則

# 運動ができるようになることの意味

　発達につまずきのある子どもたちの中には、姿勢の保持や運動に苦手さがある、いわゆる「不器用」な子がいます。また、運動は全般的に得意なのに、自分の順番を待つことが難しかったり、相手の気持ちを考えるのが苦手だったりするために、叱られる体験を積み重ねてしまっている子もいます。本書は、そうした体育の授業で起きがちな「うまくいかなさ」に寄り添い、今までよりも楽しく運動ができるようになることをめざしています。

　では、発達につまずきがある子どもたちにとって、運動ができるようになることにはどのような意味があるのでしょうか。子どもの心理的な側面、発達的な側面、社会性の側面の3つに焦点を当てて、整理していきます。

## 「今までにできなかったことができるようになる」ことが、自己肯定感をもたらす

　できない状態、うまくいかない状態が続くと、人は「どうせうまくいかない」「頑張ったってむだ」といった気持ちに陥りやすくなります。努力を重ねても望む結果が得られない経験・状況が続いた結果、何をしても無意味だと思うようになり、現状を脱する努力を行わなくなる状態を、アメリカの心理学者であるマーティン・セリグマンは「学習性無力感（Learned Helplessness）」と名づけました。

　学習性無力感に陥った子どもは、「次は成功するかもしれない」という期待や、「再度挑戦してみよう」という意欲を持てなくなると考えられています。結果的に、課題が示されても積極的に取り組もうとしない、成功体験までたどり着けずいら立つ、ミスを指摘されることへの警戒心が強くなる、といったことが表面化することもあります。できないことやうまくいかないこと自体は、決して悪いことでも恥ずかしいことでもありませんが、そうした状態が長く続くことや、問題を放置してしまうことは避けなければなりません。

　そこで、今までにできなかったことができるようになる場面をつくるようにします。壁を乗り越える経験は、子どもに自信と自己肯定感をもたらすからです。体育でいえば、運動のコツをつかんだ瞬間や、記録が伸びた瞬間、勝てなかった相手に勝てた瞬間などがそれに当たります。自分が磨かれ、ステージが1つ上がったと思えるような体験は、「必ず自分はできる」という自信や「次も頑張ってみよう」という意欲の高まりをもたらします。さらにいえば、今はできそうにないと思える課題であっても「次の機会には乗り越えてみせる」という積極的で前向きな気持ちを育てることもあります。

## 「おもしろそう」という気持ちが育つと、内発的動機づけが高まる

　「やる気がある」とか「やる気がない」という言葉をよく耳にします。この「やる気」は、心理学的な専門用語で「動機づけ」と呼ばれ、大きく分けると「外発的動機づけ」と「内発的動機づけ」の2つに整理されます。

　「外発的」な動機づけは、報酬やごほうびがあるから頑張るとか、罰を与えられるのは嫌だから頑張るというように、外的な強制力によって自身の気持ちがコントロールされていきます。一方「内発的」な動機づけの場合は、自分が成し遂げたことや何かに貢献したことから得られる達成感、充足感、満足感が重要になります。運動ができるようになると、「やった！」「できたぞ！」といった感情が土台となり、「次はどんな課題に挑戦するのだろう」という興味・関心を高めることができます。「おもしろそう」という自分の内から湧き出る喜びは、きっと集中力を高めることや反復練習でも飽きない気持ち、より挑戦的な課題に取り組む意欲などを育てることにも寄与するでしょう。

「好きこそものの上手なれ」という言葉もあります。運動についての楽しさや満足感を知ることで、運動以外の事柄にも内発的動機づけを発揮できる土台を培う経験につながっていくといっても過言ではないでしょう。

## 「どうするとうまくいくか」を考える思考力の高まりが、情緒の安定をもたらす

運動ができるようになってくると、「なぜうまくできたのか」を考えるようになります。やがて「こうすればうまくできそうだ」という整理が自分の言葉でできるようになってくると、周囲の状況に流されずに落ち着いて物事に取り組む姿勢を維持することができます。すなわち、苦手だった運動ができるようになるというプロセスは、単に身体機能や運動機能の発達だけでなく、思考・判断・言語などの認知的側面の発達をうながし、ひいては情緒面の安定ももたらすといえます。このような発達の諸領域の関連を考えるうえでも、体の動きの発達は非常に重要です。

ただ、最近は、体を使った遊びの経験の少ない子どもがたくさんいるというのが現状です。また、仲間とかかわって何かを達成するという経験の希薄さも、子どもたちの育ちの課題としていたるところで指摘されています。単純に、新たな動きが獲得できれば思考力が高まるというわけではなく、思考をめぐらせる時間や場の設定が重要になると思います。

## 「動ける体」づくりは、「止まれる体」をつくることでもある

運動ができるようになると、「動ける」という実感が高まります。また、動ける体をつくるということは、その場にしっかりと「止まれる」体をつくることにも通じます。多動性や衝動性が高い子どもたちに対して、運動面のアプローチが有効なことは既に広く知られています。エネルギーが満載で、エンジン全開の子どものブレーキが育つためには、運動を通して「どう動けばよいか」とか「今、動くタイミングなのか、それとも留まるタイミングなのか」などと考える場面が、脳の前頭連合野という「司令塔」にあたる部分を活性化させます。姿勢や運動の発達と行動の安定は、実は表裏一体の関係にあるのです。

## コミュニケーション場面の広がりが、社会性の発達をうながす

下の図は、運動の上達感と社会性の発達の関連性をイメージ化したものです。

運動に対する自信が芽生えてくると、体育の授業で培われたコミュニケーションが休み時間の遊びなどに広がっていきます。自由な遊びの場面では、他者との距離感や力加減を学ぶことができます。また、思いどおりにならないことに対して折り合いをつける力が育ちます。社会性の発達は、学校生活の充実や将来の社会参加の可能性を広げます。運動ができるようになることは、社会性の発達の扉を開く第一歩といえるのではないでしょうか。

運動が苦手、体育は嫌いという子は少なからずいます。もちろん「運動が苦手であっても、ありのままの自分を受けとめて」という視点は重要です。目の前に提示された課題ができないことは、決して恥ずべきことではないからです。ただ、そうした配慮を大切にしつつも、「運動ができるようになると、いいこともたくさんあるよ」と伝える努力も忘れないでいただきたいのです。本書を通して、さまざまな発達の領域を支える土台として、姿勢・運動の発達があるということをぜひ学んでいただきたいと思います。

① 上達感を実感し、「できそうだ」という感覚が生まれる。自信が芽生えてくる。

② 体育の授業だけでなく、休み時間の遊びにも積極的になる。

③ 距離感、力加減を学ぶ機会が増える。

④ コミュニケーション機会が増える。自分の思いどおりにならないことに折り合いをつける力が育つ。

⑤ 学校生活が充実する。社会参加や余暇という視点でも、将来に向けて生き生きと生きることにつながる。

川上康則

# 「特別支援教育」の視点から、背景とアプローチのしかたを考える

　ここでは、特別支援教育の視点から、体育の授業におけるさまざまなつまずきの背景と効果的なアプローチを考えます。

　まずは、発達障害の障害特性を理解し、それぞれの特性が体育の授業でどのようなつまずきとして表れやすいかを整理しておきましょう。

## 発達性協調運動障害/発達性協調運動症（DCD）

> **DCD（発達性協調運動障害・発達性協調運動症）に伴う主なつまずき**
> - よく物や人にぶつかる
> - ボールを投げる／蹴る動作がぎこちない
> - はさみなどの道具の操作が不器用
> - 絵や字が雑
> - スキップやなわ跳びが苦手
> - 鉄棒などにぶら下がることができない

　発達性協調運動障害（DCD／Developmental Coordination Disorder）があると、運動全般に苦手さを感じます。不器用、模倣が苦手、動きのテンポがとれないなどの様子がみられやすくなります。例えば、スキップ・なわ跳びなどの協調運動がなかなか上達しません。

　乳幼児期より、姿勢・運動の発達についての遅れが指摘されることが多くみられ、また、成人期までその症状が続くことも少なくありません。体育以外の場面でも、よく人にぶつかる、物を落とす、服装などの身だしなみが崩れやすいということがみられるため、対人関係にも影響が広がることがあります。

## 注意欠如多動性障害・注意欠如多動症（ADHD）

> **ADHD（注意欠如多動性障害・注意欠如多動症）の主な特徴**
> - 多動性　　● 衝動性　　● 不注意

　注意欠如多動性障害（ADHD／Attention-Deficit Hyperactivity Disorder）の主な特徴は、多動性、衝動性、不注意です。

　多動性や衝動性が強いと、順番を待てなかったり、勝負がかかる場面でムキになりすぎたりします。不注意が強いと、ルールや注意事項を理解しているのに忘れてしまったり、ゲームの中で役割から外れていることに気づけなかったりします。いずれにしても叱られることや周囲から注意を受けることが多く、運動は得意でも体育の授業は嫌いと感じることがあります。

## 自閉症スペクトラム障害・自閉スペクトラム症（ASD）

> **ASD（自閉症スペクトラム障害・自閉スペクトラム症）に伴う主なつまずき**
> **社会性（対人関係）の課題**
> ・空気を読めない
> ・相手の気持ちに立つことが苦手
> ・場や状況にそぐわない一方的な会話
> ・みんなで協力することや集団参加が苦手
> **コミュニケーションの課題**
> ・自分のやり方やペースを優先させる
> **目に見えないものをイメージする力の弱さ**
> 　特定分野に興味・こだわりが強く、難しい知識を持っているのに、社会通念や一般常識が通じにくい
> **感覚過敏を伴うことがある**
> 　耳ふさぎ、偏食、べとべと・ぬるぬるが苦手など

自閉症スペクトラム障害（ASD／Autism Spectrum Disorders）は、社会性やコミュニケーションに関するつまずきを示すのが主な特徴です。症状の強さには個人差があり、集団活動が苦手で、体育の授業にほとんど参加できない場合があったり、活動には参加できるけれども、勝ち負けや一番であることに固執したりする場合があったりします。

相手の気持ちに立って考えることや、状況を踏まえて行動することが苦手であるという背景があるため、チームの輪をかき乱してしまったり、身勝手さや強引なかかわりが目立ったりするところが、体育の授業で問題になることがあります。

また、特定の感覚が過敏に機能していたり、鈍麻（低反応）な状態であったりする症状を伴うことがあります。これを、感覚過敏（感覚防衛）や感覚鈍麻といいます。感覚過敏には、大きな音やピストル音を嫌がる「聴覚過敏」（→P147）、他者から触れられることなどに過剰な反応を示す「触覚過敏」（→P34、84）、不意に押されたり、バランスを崩されたりすることを嫌がる「姿勢不安」（→P46）などがあり、体育の授業に対する警戒心や拒否感を強くする原因になると考えられています。なお、感覚過敏や感覚鈍麻といった感覚調整の問題は、自閉症スペクトラムだけに特有の症状というわけではなく、ほかの障害においても認められることがありますし、診断がついていない場合でもみられることがあります。

### 学習障害/限局的学習症（LD/SLD）

> **LD（学習障害・限局的学習症）のつまずきが及ぶ領域**
> ●読む　●書く　●計算する
> ●聞く　●話す　●推論する
> ＊学習能力のうち、どれかの習得と使用に著しい困難を示す。

学習障害（LD／Learning Disabilities、またはSLD／Specific Learning Disorder）は、読む・書く・計算するなどのいわゆる学習場面においてつまずきが表れやすいことが知られています。体育の授業において、これらの領域が大きく問われることは少ないのですが、記録を書いたり、ルールを文字情報で理解したりする際につまずきが出やすくなることは想定しておいたほうがよいでしょう。

また、左右の概念や視空間認知のつまずきを伴うことがあります。「右へ」「左に」「そっちだ」などの指示を受けて動く場面などで混乱してしまうことがあります。

### 知的能力障害/知的発達症/知的発達障害（ID）

> **知的能力障害がある＝物事が、わかりにくい**
> 当たり前のことでも
> 　●言葉だけの説明
> 　●頭の中でイメージさせること
> は、非常にわかりにくい

知的障害としてこれまでも知られてきた「知的能力障害」（Intellectual Disability）がある場合、物事の意味理解についてのつまずきが多くみられます。例えば、言語だけの説明ではわかりにくい場面があります。理解語彙が少なかったり、頭の中でイメージする力が弱かったりすることも多く、指示の理解や場面に即した行動など、体育の授業の全般において、支援と配慮が必要になります。

その多くは、乳幼児期から運動面の発達においても遅れがみられます。そのため、単純な運動であっても習得までに時間がかかることがあります。

これらの障害特性は、それぞれが単独で存在するものではなく、むしろ重なり合う部分があるということに十分留意しましょう。また、それぞれの特性は、明確な線引きのもとで表面化するのではなく、その周辺に「境界域（ボーダー）」と呼ばれる範囲が存在します。実際に診断がついていない場合であっても、上記のようなつまずきがみられたら、少なくとも配慮や支援の必要性があると判断してよいといえます。

川上康則

# 特別支援教育と体育の融合で効果的なアプローチを考える

## 姿勢・動作・運動のつまずきの背景にある「初期感覚」を育てる

　姿勢の崩れ、不器用、運動に対する苦手意識などの背景を知るためには、「氷山モデル」でそのつまずきを理解することが大切です（右図）。氷山はいわば積木でつくられたピラミッドのようなもので、土台となる「感覚面の発達」が非常に重要であることがわかります。

　特別支援教育では、前庭感覚（平衡感覚ともいいます）、固有感覚、触覚という生来的に働いている3つの感覚の発達を重要視しています。これら3つの感覚は、発達の初期（新生児期から乳児期にかけての時期）に最も優位に使われている感覚であるため、まとめて「初期感覚」と呼ばれることもあります。発達につまずきのある子どもたちに、これらの初期感覚の機能不全がみられることが多いのです。

　感覚の機能不全には、過剰に反応してしまう「過反応」と、周囲の人に比べて低い反応性しか示さない「低反応」があります。過反応のことを「過敏」と呼び、低反応のことを「鈍麻」と呼ぶこともあります。例えば、姿勢が崩れやすい子どもの場合、バランスの保持や体の傾きの情報を感じ取る前庭感覚の鈍麻（低反応）と、筋肉の張り具合と関節の角度の維持をコントロールする固有感覚の鈍麻（低反応）が関係しているとみることができます。そこで、体育の授業において、前庭感覚や固有感覚をしっかりと使い込むような体つくり運動を継続的に行うなどのアプローチを考えます。

　このように、姿勢・動作・運動などの身体機能の発達をうながすためには、表面的に目に映るつまずきをすぐに「治そう」とか「なくそう」とするのではなく、背景要因に目を向けて発達の土台を築く指導を行うことが大切です。

【図】氷山モデルで理解しよう

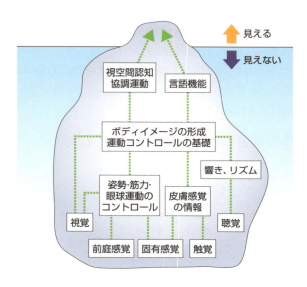

## 体育の「基礎感覚」と特別支援教育の「初期感覚」を結びつける

体育では、あらゆる動き（とっさの動きも含めて）の基礎となる感覚を「基礎感覚」と位置づけています。具体的には、①体幹の締め感覚、②逆さ感覚、③振動・回転感覚、④腕支持感覚などで、詳しくはP16以降で語られています。

体育と特別支援教育、それぞれの分野で用いられている用語に多少の違いはありますが、子どもの育ちを見つめ直し、効果的な発達を促すという視点は同じです。体育の世界で用いられる「基礎感覚」と、特別支援教育の世界で用いられる「初期感覚」、ともにめざすところは同じです。どちらも、姿勢・動作・運動などの身体機能の土台を支える感覚に着目し、これらを育てることが、効率的な動きの獲得につながるという考え方です。

そこで、体育の「基礎感覚」と特別支援教育の「初期感覚」を結びつけて考えてみます。下図に示すように、触覚は、他者との接触や道具の操作、気配を察して行動するなどの元となる感覚で、①体幹の締め感覚や④腕支持感覚と強く関連しています。固有感覚は、力加減にダイレクトに関係している感覚で、①〜④の基礎感覚に全般的につながるところがあります。前庭感覚（平衡感覚）は、バランスの保持や姿勢の傾き、回転や揺れ、移動の加速度などを感じる感覚であり、これも①〜④の基礎感覚と密接な関連性があります。

このような両者のつながりに目を向け、子どもが「できた」「次もやってみたい」という気持ちになれる体育の授業を考えることは、発達につまずきのある子どもの支援を効果的に進めていくことにも貢献するといえるのではないでしょうか。

【図】初期感覚と基礎感覚の用語の整理

### 初期感覚
・主に、特別支援教育の分野で使われる
・発達の初期（生後すぐから乳幼児期）に優位に使われている感覚

**触覚**
他者との接触、道具の操作、気配を察して行動することなどの元となる感覚

**固有感覚**
筋肉の張り具合や関節の角度を調整し、動きや力加減の調整をする感覚

**前庭感覚（平衡感覚）**
バランスの保持や、姿勢の傾き、回転や移動の加速度などを感じる感覚

### 基礎感覚
・主に、体育の分野で使われる
・あらゆる動き（とっさの動きも含めて）の基礎となる感覚

**①体幹の締め感覚**
体幹や四肢に力を入れる感覚

**②逆さ感覚**
逆さになる感覚

**③振動・回転感覚**
体を振ったり、回ったりする感覚

**④腕支持感覚**
肩や腕で体重を支える感覚

参考文献
● 川上康則 監修『発達の気になる子の 学校・家庭で楽しくできる 感覚統合あそび』（ナツメ社）
● 清水 由『シンプルで子どもが伸びる体育の授業づくり』（明治図書出版）

清水 由

# 「体育」の視点から、背景とアプローチのしかたを考える

## 動きの基礎感覚が身についていない子どもの背景

はいはいをしていた我が子がつかまり立ちをしたときは、親として大変にうれしいものです。初めて歩いたときなどは、お祝いをした方もいるのではないでしょうか。それほど子どもの成長は親にとって喜ばしいことです。最近は、昔に比べて歩き始めるのが早くなっていると聞きます。住宅が昔と比べて狭くなり、室内は家具にあふれて赤ちゃんがつかまって立ちやすい住宅環境になったといわれています。つまり、つかまり立ちをしたら、そのまま家具伝いに歩いてしまい、早々に1人で立って歩くことができてしまうようです。たまに「うちの子は、はいはいをしないですぐに歩き出したの」と、うれしそうに話すお母さんがいます。早い成長は親としては喜ばしいことなのかもしれません。ところが、基礎感覚づくりの視点から見ると、喜ばしいことばかりではないのです。

通常、はいはいができるようになると、室内を動き回るようになります。興味を持った物のところへ自分で行って、口や手で確かめて学ぶのです。最初は「ずりばい」や「ひじばい」といって「ほふく前進」のようなはい方をします。

そこから、腕でしっかり支持して腰を持ち上げて膝で歩く「はいはい」ができるようになります。そのうち速いスピードで「はいはい」ができるようになります。そして、さらに速い「高ばい」といって膝を床から上げて腰をさらに高い位置に持ち上げてはいはいをするようになります。いわゆる「クマ歩き」です。この速い「はいはい」から「高ばい」をする時期をできるだけ長くとってあげられたらと思います。

実は、はいはいをすることで、子どもはその後の運動生活に必要なさまざまな基礎感覚を少しずつ身につけていきます。例えば、腕支持感覚や体幹の締め感覚です。逆に、はいはいをほとんどしなかった子は腕支持感覚があまり養われずに成長してしまうといわれています。このような子は、幼児期に歩いていて転んだり滑ったりしたときにとっさに手を出すことができず、顔から地面にぶつかったり頭を打ったりしてしまいがちなようです。

それでは、すぐに立って歩いてしまった子は腕支持感覚を身につけることができないかというと、そんなことはありません。立って歩くことができる子であっても、お父さんやお母さんとはいはいで追いかけっこなどをして遊ぶことで、十分に腕支持感覚などの基礎感

覚を養うことはできます。また、この乳児期に基礎感覚を十分に養えなかったとしても、その後の幼児期の外遊びなどで養うことができます。

　ところが、この外遊びについても、昔と現代とでは大きな違いが出てしまっているようです。有名な話ですが、「3間の喪失」という話があります。3つの「間」つまり、「時間」「空間」「仲間」が不足しているという話です。習い事で忙しく、遊ぶ「時間」がない。遊ぼうとしても近所に遊ぶ「空間」がない。そして、お互いに忙しくて時間が合わず、遊ぶ「仲間」がいないということです。かつて、子どもたちは遊びの中でさまざまな基礎感覚を自然と身につけてきましたが、現代の子どもたちはそれらを身につける機会がなかなかないという現実があります。子どもたちが成長してから行うであろう運動生活を考えたときに、どこかの時期で意図的に養ってあげなければならないと考えます。基礎感覚づくりは、負荷や身につくまでの時間に違いは出ますが、どの学齢から始めても（もちろん、大人からでも）身につかないことはないので、その機会を保障してあげたいものです。

## 基礎感覚づくりの重要性

　基礎感覚は、あらゆる動きについて考えられます。例えば、跳び箱や鉄棒を使った運動であればそれぞれの技ができるようになるための基礎感覚が必要となりますし、水泳であれば水の中での基礎感覚が必要となります。生涯にわたって運動（スポーツ）に親しむことができるように、思うように動ける体をめざして身につけさせたいさまざまな基礎感覚があります。その中でも、現代の子どもたちにとって特に必要だと思われる基礎感覚は、次の4つであると考えています。

> ① 体幹の締め感覚　　② 逆さ感覚
> ③ 振動・回転感覚　　④ 腕支持感覚

　①の体幹の締め感覚は、腹・胸・背中・腰といった体幹や四肢に力を入れる感覚です。姿勢を保持するという最も基本的な感覚でもあります。体幹はすべての動きの基幹となるため、締めたり緩めたりすること

を意図的にコントロールできるようになることが大切です。以前、長い時間立っていられず、電車の中や路上に座り込む若者が問題になったことがあります。体幹を締める感覚が養われてこなかったのも一因だと思われます。近年、競技スポーツの世界でも体幹に注目している選手やコーチが多く、小学校期に体幹の締め感覚を養っておくことは大変に意味があります。

　②の逆さ感覚、③の振動・回転感覚は、逆さになったり、体を振ったり回ったりする感覚です。空間認知ともかかわり、自分の体がどんな姿勢になっているのか、どの位置にいるのか、ということを感覚的に理解します。この感覚が養われていないと、逆さの姿勢になったり回転したりすると体がパニックになり、コントロールできなくなってしまいます。体がこわばって、反り返ったり四肢が縮み込んだりしてしまいます。回転感覚については、単に回るだけではなく、振動が大きくなっていって回転へつながるような動きができるようにしたいものです。振動する動作そのものに、体のさまざまな部位を協応させてコントロールする感覚が必要であり、少しずつ大きな振動となっていくこ

とで空間認知の混乱が少なくなっていきます。

④の腕支持感覚は、腕で自分の体重を支える感覚です。腕で体重を支えるというと、腕の力（＝筋力）を想像することが多いかもしれませんが、そうではありません。レアケースはあるとしても、多くの場合は、力ではなく感覚が不足して支えることができないのです。腕に力を入れて体を支えるやり方を体がわかっていないということです。体が支え方を了解すると、体重の重い子であってもしっかりと自分の体を支持することができます。腕支持感覚が養われていないと、P16で少し触れたように、日常生活でちょっと転んだだけでも大きなけがにつながりかねません。自分の体を守る意味でも重要な基礎感覚です。

これらの基礎感覚は、できれば小学校卒業の時期までに養っておきたいものです。基礎感覚づくりの運動は、粘り強く長い期間をかけて多くの頻度行えば、大人であろうともしっかりとした基礎感覚を養うことができます。しかし、その労力や負荷を考えると、相対的に体重の軽い小学校（できれば低学年）期に基礎感覚を養っておくほうがよいと考えます。特に、低学年期はどの運動へも（比較的負荷の高い運動であっても）意欲的に繰り返し取り組みます。低学年期に養った基礎感覚が、高学年期にしなやかな動きとなり、ひいては技能の伸びへとつながっていくので

す。基礎感覚が養われていれば、その先に出会うであろう運動（スポーツ）の技能が身についていなくても、授業で学んでいくことでできるようになるのです。

> **メモ** 基礎感覚からキネステーゼ感覚を
>
> 運動ができるようにならない理由のうちの1つに、基礎感覚が身についていないことが挙げられます。基礎感覚がないと、どのように動けばよいのかがわからず、動いてみたところでその結果がどうなるのかを想像できず、「怖い」のです。反対に、さまざまな基礎感覚を身につけていれば、これまでにやったことのない新しい運動と出会ったときでも「できるような気がする」のです。この「できるような気がする」ことを「キネステーゼ感覚を持つ」といいます。幼少期からたくさん遊び、多くの動きの経験をしている子ほど、さまざまな基礎感覚を身につけており、新しい運動に出会ったときでも「できるような気がする」のです。

### 授業づくりで考える指導の工夫

小学校の子どもたちは、それまでの生育歴から、運動経験、身につけた基礎感覚などに大きな個人差があるのは当然のことと考えられます。これまでにも述べてきているように、運動が「できる」ようになるには基礎感覚が非常に重要であり、養っておかなければならないものです。教師に「基礎感覚」という概念がなく、授業でただひたすらにめざす運動（技）の練習に繰り返し取り組ませるのは、「できる」ようになる見通しがないままに失敗経験を積み重ねていくことになります。失敗経験の繰り返しは、子どもの運動に対する動機づけを失わせます。「学習性無力感」（→P10）という言葉は有名です。体育授業では、基本的に大きな個人差を前提とした授業づくりを考えていきます。

基礎感覚づくりの運動は、運動経験の少ない子はもちろん、豊富な子にとっても意味のある運動です。それをゲーム化して楽しく経験させてあげるのが体育授業であると考えます。さらに、運動経験が豊富な子にとって基礎感覚づくりの運動を繰り返し行うことは、動きを洗練化するという意味があり、とても有益です。例えば、オリンピックに出場するような器械運動

# 序章

（体操競技）のトップアスリートの準備運動には、倒立が含まれています。倒立はさまざまな基礎感覚を総合的に適用する運動であり、体操選手にとっては基本中の基本というべきものなのです。倒立をすることでその日の調子を把握するという話も聞いたことがあります。小学校の子どもたちにとっても倒立は大変に重要な基礎感覚づくりの運動です。自分の体を思うように動かすことをめざして、すべての子どもにさまざまな基礎感覚づくりの運動を大切にして経験させてあげたいものです。

また、体育授業ではスモールステップを踏むことで、すべての子どもたちに「できた」という思いを持たせながら授業を進めるようにしていきます。スモールステップとは、すべての子どもができるような簡単なことから始めて、少しずつ難しくしていきながら、めざす運動（技）ができるようにしていくという方法です。そのスモールステップの中に「類似の運動（運動アナロゴン）」を組み込んでいくことが大切になります。

「類似の運動（運動アナロゴン）」とは、できるようになることをめざす運動の一連の動きの流れの中で、同じような基礎感覚を必要とする運動のことです。つまり、めざす運動（技）が授業でできるようになるためには、運動アナロゴンをスモールステップの中に潤沢に入れていくことです。めざす技の運動アナロゴンを経験させるときは、その技よりも簡易な運動を選択します。

> **メモ**
> **P58参照** 例えば、開脚跳びをめざした授業では、馬跳びのバリエーションを潤沢に経験させます。

このように体育授業では、基本的な授業づくりの考え方の中に子どもの実態に応じた指導の工夫がなされており、大きな技能差を前提として、障害の有無や技能水準にかかわらずどの子にとっても意味のある運動を位置づけていきます。

**参考文献**
● 三木四郎『新しい体育授業の運動学－子どもができる喜びを味わう運動学習に向けて』（明和出版）
● 『授業のユニバーサルデザイン vol.7』2014年9月（東洋館出版社）

## 個別の配慮

基本的に授業づくりの際には、クラス全体に対して技能差を前提とした指導の工夫をしていきますが、それでもその手だての枠を超えてしまう子が出てきます。そういった場合、個別の配慮が必要となります。体育授業で行う個別の配慮は、①補助と②場づくりです。

### ①補助（お手伝い）

運動が苦手な子やつまずいている子の多くは、キネステーゼ感覚を持てないでいます。体を思うように動かすことができない、あるいは動きのイメージが持てないことによって多少なりとも「怖さ」を感じるのです。基礎感覚づくりの運動を行い、ある程度基礎感覚が身についていると思われていても、この「怖さ」があるとなかなかできるようになりません。

「補助」は、この「怖さ」を払拭するのに適した方法です。特に、教師が1人の子に対して行う「補助」は、安心感を生みます。その子との信頼関係のうえでの「補助」となりますが、「補助」によってめざす運動（技）そのものの一連の動きを丸ごと経験できるので、大変に有効です。一連の動きの中でどのような感覚で体を動かせばよいのかを理解するからです。

また、教師の「できた」の基準を「補助」でできれば「できた」ことにするといいでしょう。全員が「できた」という感覚を持たせるために、最低限の目標を「補助でできる」という設定にするのです。そのうえで、教師の補助でできる→友だち数人の補助でできる→友だち1人の補助でできる→1人でできる、というスモールステップで「できた」のレベルを上げていくのです。友だちの「補助」は、子どもどうしの信頼関係を生みます。「お手伝い」と称して、「1人ではできないけど友だちがいるおかげでできる」「友だちをお手伝いで支えてあげることができる」といった思いを持たせてあげるといいでしょう。ただ、めざす運動（技）によって、教師だからできる補助と子どもどうしでもできる補助とがあります。子どもどうしだと危険な場合もあるので気をつけましょう。

教師の補助

友だち2人の補助

1人で

## ②場づくり

運動が苦手な子やつまずいている子のために特別な場を準備するという方法もあります。めざす運動（技）のつまずきやすいところを簡易化してつまずかないようにするのです。

例えば、マット運動で後転をするとします。つまずきの多くは、後ろへの回転の途中で頭が引っ掛かって止まってしまいます。本来であれば、手でマットを押すことで体を持ち上げて頭が引っ掛からないようにするのですが、手でマットを押せなくても引っ掛からないような工夫をします。マットを重ねてVの字にし、厚みを利用してそこへ頭が入るようにします。すると、マットを手で押して体を持ち上げなくても頭が引っ掛からずに後ろへ回転できてしまいます。

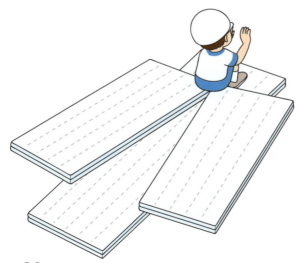

このように、つまずきに応じて「場」を変えるという工夫をすることもできます。ただ、子どもによってつまずきはさまざまなので、そのつまずきごとに工夫した場をつくろうとするとたくさんつくらなければなりません。すると、その準備だけで授業時間が過ぎてしまうので、個別の配慮が必要な子のために、本当に必要な場合にだけつくるようにしましょう。

## 体育授業とソーシャルスキル

体育授業は、子どもたちの心が開放的になりやすい教科です。広い空間で体を動かしながら学ぶからです。そのぶん教師はしっかりとした学習規律を保とうとしますし、効率のよいマネジメントを行って効果的に学習を進めようとします。それでも実際の授業場面では、子どもたちの社会的行動にかかわるトラブルが頻出してしまいます。運動にかかわるルールを守ることができなかったり勝敗を素直に認めたりできないことがあるのです。心と体を解放する体育授業では、体を介在して友だちとかかわることによって「できる・できない」や「勝つ・負ける」といったリアリティーのある深いかかわりとなるからです。リアリティーのあるぶん、仲良くなることもありますし、けんかになってしまうこともあります。一緒に学ぶことで、お互いに考えていることを感じたり「できる」ようになるために諦めずに努力したりするなど、自分をコントロールすることも必要となってきます。そういったリアリティーのある日常の体育授業での社会的行動が、本当に意味のある

# 序章

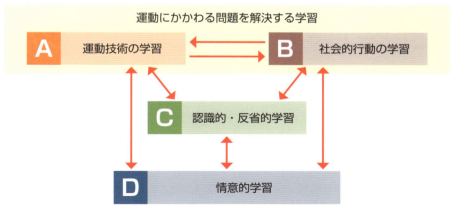

【図】クルムによる体育の教科領域の構造

ソーシャルスキルのトレーニングになると考えます。

そもそも、社会的行動の学習は体育科の学習内容として明確に示されています。かねてより学習指導要領に大きな影響を与えているオランダのクルムは、体育の目標について、体育授業で学ばせるべき内容を上図のように示しています。

体育授業で教えるべき内容は、上図にあるように「運動にかかわる問題を解決する学習」が中核になります。そして、その中には2つの視点が示されています。「A 運動技術の学習」と「B 社会的行動の学習」です。体育科教育の分野では、ソーシャルスキルトレーニングと同様な意味で、社会的行動の学習が位置づけられてきたのです。

また、脳科学の分野からも身体活動が社会的行動に影響を与えるという報告も散見されます。ヒトの（社会的、感情的）情動を司る脳が、前頭葉にある前頭連合野であるといわれています。その前頭連合野には、運動することによって刺激を与えることができるというのです。具体的には、他者と触れ合う、同調する、共感する、競争する、本気になる、力を出し切るといった快体験によって刺激を与えることができるようです。考えるまでもなく、これらの経験は体育授業でこそ味わわせたい経験であり学びです。

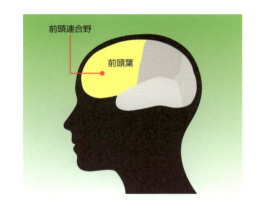

また、運動によって学習や記憶、思考などの認知機能が向上したり、ストレス耐性が強化されるという報告もあります。近年の脳科学研究は運動・スポーツによる脳の発達や機能への影響を立証しつつあります。子どもたちの心や体を育む体育授業は、今後、より一層重要視される分野になるはずです。

ここまで、体育科教育の視点から気になる子の背景やアプローチのしかたを考えてきました。川上氏の示す特別支援教育の視点からの考え方とは似通った部分も多いと感じています。これからは、どちらかのみの視点ではなく、両者の視点から授業を考えていくことが大切になってくるのではないでしょうか。

参考文献
● 竹田清彦・髙橋健夫・岡出美則 編『体育科教育学の探究－体育授業づくりの基礎理論』（大修館書店）
● 『体育科教育』2011年3月号（大修館書店）「特集 運動・スポーツと脳」征矢英昭ら

小島哲夫

# 運動を「楽しめる」子どもを育むために

## はじめに

　子どもが体を動かすことを「楽しい」と感じ、さらには「できる」「わかる」体験が増えれば、ますます「楽しい」と感じて、運動に意欲的に取り組むスパイラルができあがります。

　体育では積極的に運動する子としない子の差が大きくなっている、いわゆる運動の二極化が大きな課題となっています。仲間とのコミュニケーションや地域の遊び場、遊ぶための時間などの喪失が、運動をする環境を激減させています。

　遊びの機会が減り、遊びの中で身につけていた動きが減り、運動経験が少ないまま体育の学習に取り組むことで、ますます「動けない」「楽しめない」子が増えてきています。このように、学校以外で運動に取り組む機会が極端に減っている現状では、体育を通して、子どもに「運動の楽しさ」や「多様な仲間とかかわるうれしさ」を感じさせることの重要性がますます高まっています。

　教師が教材の特性を知ることはもちろんですが、子どもの特性や子どものつまずきを丁寧に予想し、子どもの特性と教材の特性をつなぐ配慮や手立てを持つことで、運動を楽しめる環境は大きく改善されていきます。

　以前より少なくなった運動経験を補いながら、多くの子に体を動かすことが「楽しい」と感じてもらうためには、教材の工夫やねらいに向かってのスモールステップがますます必要になってきます。

　そこで、子どもが「楽しい」と感じ、「できる」「わかる」を積み重ねるために、次の4つの視点を提案したいと思います。

## 発達の段階を考慮した動きを取り入れた教材

　「走る」「投げる」「蹴る」「捕る」などの基本的な動きはどの教材でも必要とされます。これらは教材やゲームを通して身につけ、連動する動きとして高めていきます。しかし、教材やゲームを教えることが目的ではなく、教材やゲームを通して体の基本的な動きを高めていくことが目的です。そのためには、発達の段階を踏まえて、学年に応じた運動経験を重ね、体の動きを高めていくことが重要です。

　例えば、ボール運動で子どもに人気のあるドッジボールですが、よく見てみると一部の子が強いボールを投げ、残りの子は逃げ回っているだけです。たまにボールが回ってきても、右手と同じ側の右足が一緒に出てしまい、強いボールが投げられません。強くコントロールしたボールを投げることができるからこそ、ゲームを楽しむことができるのです。

　ゲームを楽しむためには、低学年では「投げる」ことを意図した運動が必要になってきます。壁当ての距離を変えたり、円の中にあるコーンやダンボール箱を倒すゲームを取り入れることにより、ドッジボールを楽しむための「投げる」技能を身につけることができるのです。ゲームの形式だけにこだわると、必要な動きを見落としてしまいがちになります。

　もちろん、「投げる」だけでなく「捕る」こともドッジボールを楽しむために必要な動きです。攻撃のとき、仲間の投げた速いボールをキャッチすることができれば、すばやい攻撃ができ、相手チームのメンバーを当てる確率が高まります。一方、守備のときも「捕る」ことができれば、攻撃に移ることができます。

　さらに、相手の動きを予想して投げたり、仲間の投

げるボールを予想して動いたりすることができるようになってくると、作戦面を工夫することもできるようになり、ゲームの質が高まります。このことは中学年以降の作戦の工夫や「ボールを持たないときの動きに」つながっていきます。

このように、「投げる」「捕る」動きを学年に応じてさまざまな教材やゲームを通して高めていくことで、中学年の「○○型ゲーム」や高学年の「○○型」という運動の技能面を支え、それがゲームのおもしろさや「動く楽しさ」につながっていくのです。

## 教材化やルールの工夫

子ども自身が動きを身につけたり、高めたりすることも大切ですが、少ない動きでも運動を楽しむための教材化やルール、場の工夫も大切です。1年生から身につけさせたい力を明確にして系統立てて子どもを教えることができれば、6年間を見通した教材を選択できます。しかし、現実には、身につけさせたい力があいまいなまま、体を動かすだけの体育や教材ありきの体育が行われていることも少なくありません。そこで、実際に受け持った目の前の子どものレディネスに合わせて、運動に取り組ませる必要があります。場面や技能を限定することで、複数の動きを連動させなくても、今持っている力を活用して運動に取り組めるような教材化という視点が必要になってきます。

例えば、ネット型の「自陣で攻撃を組み立てる」という特徴を学ぶために、運動で身につけさせたい力や動きを分析します。そして、子どもが現在持っている力と子どもに身につけさせたい力を洗い出します。子どもが持っている力と身につけさせたい力をつなぐために、「子どもが困りそうな技能」を予想し、そのつまずきを乗り越えるための工夫（スモールステップなど）をした取り組みを考えます。その際、特別支援教育の視点を取り入れることにより、体の動きの不安定さや、心情面の不安など、より多くのつまずきを発見し、予想することができます。

また、短時間では身につけられない技術をほかの技術に振り替えて特徴に迫るように考えていく視点も大切です。ソフトバレーボールでは、レシーブやトスは、経験や技能面でも差が大きくなりがちです。そこで、レシーブをキャッチにし、トスを下から両手で投げるなど、中学年程度の技能にかえることで、アタック（攻撃）とネット型の動きに特化した「キャッチバレーボール」として教材化することができます。子どもの技能に応じて、レシーブやトスを取り入れてもよいことにすれば、キャッチや手で投げるより早い攻撃ができて、より有利な作戦に展開できるという発展性もあります。

さらに、レシーブやトスが安定することにより、攻撃の組み立てがしやすくなり、キャッチする人以外はすばやくアタックの位置へ移動するなど、仲間と連携した動き「ボールを持たないときの動き」も身につけることができます。

「『バレーボール』はこれでなくてはならない」という固定観念から脱出し、子どもにどんな力をつけていくかをしっかりと見極めていく発想の転換が必要なのです。

ほかにも、個人の達成型である器械運動の跳び箱運動などでも、高学年では「できる」「できない」がはっきりしてしまい、意欲に差が出る教材でもあります。そこに、「シンクロ（同調）」という視点を取り入れることにより、技を極めつつもそれらを生かして集団演技にすることで、学び合いやかかわり合いが生まれてきます。（→P64-65）

このように、子どもの姿と教材の特性をつなぐために、特別支援教育の視点や、「教材化」という発想の転換が必要になってきます。

## 授業のユニバーサルデザイン化

誰もが参加できる体育にするために、「焦点化」「視覚化」「共有化」の視点を生かした、授業のユニバーサルザイン化は教師や子どもにとっても有効です。

教師は単元レベルでは子どもに身につけさせたい力を焦点化し、ルールの工夫を行い教材化していきます。学習の流れやイメージしにくい場面を視覚化し、

コツや作戦の工夫を共有化する話し合いの場面を設定します。授業に見通しを持つことで、活動の道筋ができ、情報や活動が整理されシンプルな授業になります。体育は子どもの活動が中心ですので、授業をシンプルなつくりにして、子ども自身で考え、行うことが大切です。

各授業においては、めあてを明示することで授業の活動や内容が焦点化され、本時の活動や学ぶべきことがはっきりとします。活動の中でイメージがとらえにくい場面では仲間の姿を見本にしたり、ビデオやタブレットなどで撮影した画像を見せたりすることで、イメージを共有でき、伝わりやすくなります。コツや作戦の工夫を共有化するための場を設けたり話し方を身につけたりすることで、思考・判断・表現することにもつながっていきます。

一方、子どもにとっても授業の仕組みがわからないと、何も考えずにただ体を動かすだけになってしまいます。授業を「焦点化」「視覚化」「共有化」することで、流れに見通しを持つことができ、「今は何をすべきか」が見えてきます。教師の指示がなくても子ども自身で授業を進めていくことができますし、苦手な子は心の準備もできます。

教師が教材研究をし、それを子どもが存分に味わうために、誰もが参加できる条件や環境を整えていく授業のユニバーサルデザイン化が有効であると考えます。

### 教師も子どもも見通しを持つ

子どもに学びの道筋を示し、見通しを持たせることで、「どんな力が必要か」と考えることができ、主体的な学びにつながっていきます。

例えばキャッチバレーボール（P115）でも、最初はバドミントンコートでレシーブやトスを用いた通常のルールでお試しのゲームを行います。子どもはテレビで見たように簡単にできると思っているので、喜んでやりますが、思ったようにはうまくいきません。そこで「どこが難しかった？」と聞くと、「レシーブがあちらこちらにいってしまった」「トスを上げるのが難しい」などと技術的に困難な部分を挙げてきます。そこを今持っているほかの技能に置き換えることにより、ネット型本来の動きを学ぶことができるようになるのです。

レシーブやトスが安定しない状態でバレーボールをしても、ネット型本来の動きを身につけることはできず、次の学年に進んでも、一から同じことの繰り返しになってしまいます。レシーブやトスを安定させて初めて、バレーボールの動きが明確になり、その動きを工夫することができるのです。次の学年に進級してもネット型本来の動きがわかっているので、レシーブやトスの技能を向上させることで、よりバレーボールに近い形に近づき、スピーディーなゲームに発展していきます。

このように、子どもが単元の見通しを持つことで、動きや必要な技能を分けて考えることができるようになります。このことは自分自身に必要な技能が明確になるだけでなく、自分はできなくても仲間にアドバイスはできるなど、仲間とのかかわりや主体的な学びへとつながっていくのです。

### おわりに

基本の動きを高めるために、発達の段階に応じた運動経験を重ね、教材化やルールの工夫をし、子どもに授業の見通しを持たせることで、運動に取り組む環境は変わってきます。

そこには、運動の見方はもちろんですが、子どもの見方を丁寧にすることが大切になってきます。特別支援教育の視点を取り入れることによって、子どものつまずきに寄り添うことができ、また、誰もが運動を楽しめるように柔軟な発想をすることによって、運動を楽しめる可能性は格段に広がっていくのです。

オリンピック選手を育てるのが目的ではなく、「できる」「わかる」ことを積み重ねることにより、動くことが「楽しい」と感じる子どもを1人でも多く育んでいきたいと思います。そして、生涯にわたって運動を楽しめる人に育っていってほしいと願っています。

# 1章
# 体つくり運動

1章 体つくり運動　短なわ跳び（前回し）

# リズムよく前回しができない子

　なわ跳びで、腕を大きく回してなわを操作する子や、足の裏全体で「ドスン、ドスン」と着地してしまう子がいます。また、なわを1回回す間に2回ジャンプして跳ぶ子もいます。
　このような跳び方では、全身によけいな力が入ってしまい、なわを思うように操作できなくなってしまいます。そのため、リズムよく続けて跳んだり、ほかの技につなげたりすることが難しくなってしまいます。

 **苦手・つまずきの背景**

　なわ跳びには、「なわを手首で回す」と「リズムよくジャンプする」の2つの大切なポイントがあります。つまずきの原因として、この2つが身についていないことが考えられます。また、1回回す間に2回跳ぶ子もいますが、発展的な技につなげるためには、2つのポイントを身につけておく必要があります。
　なわ跳びは「なわを回す」と「跳ぶ」の2つの動きを同時に行うことに難しさがあります。それぞれの動きを分けて練習し、感覚を身につけていくこともポイントです。

 これで解決

- 「なわを回す動き」と「跳ぶ動き」を、それぞれ練習する。
- 片手でなわを回す練習を積み重ねて、なわを手首で回す感覚をつかむ。
- つま先でリズムよくジャンプする感覚をつかむ。

## プラン1 片手なわ回し作戦
### 手でなわを操作する感覚をたくさん経験する

苦手な子は、腕を大きく回して、なわと腕が一体化したような動きになってしまいがちです。**手首で回すことを強く意識させ、「手でなわを操作する感覚」**をつかませます。

① 片手になわを持ち、体の前で8の字に回す。徐々に8の字を小さくしていき、肘から先だけを動かしてなわを回す練習をする。

② 次に、片手になわを持ち、体の横で回す。脇を締めて手の位置を腰の高さにし、手首を意識しながら回す。

③ ②で、手首で回せるようになったら、なわに合わせて軽く跳ぶ。反対の手でも①〜③を行う。忍術修行 P29参照

**アドバイス** ▶ 肘を体に着けて動きを制限するとよいでしょう。

## プラン2 つま先ジャンプ！作戦
### つま先でリズムよくジャンプする

足の裏全体で「ドスン、ドスン」と着地したり、膝を大きく曲げて跳んだりすると、次の動作が遅れる原因となり、リズムよく跳べません。そこで、なわを持たないで、つま先を使ってジャンプすることを練習します。

① 足裏全体を着いた状態から、つま先立ちになる運動を何回か行い、足の使い方を体感する。

② つま先立ちになるときに、少しジャンプを入れて、つま先で地面を蹴る感覚を養う。

③ 連続してジャンプし、つま先でジャンプする感覚をつかむ。

**アドバイス** ▶ 「着地はつま先！」と、意識するポイントを声かけします。

## プラン3 印の上ジャンプ！作戦
### 印の上でのつま先ジャンプで、着地点を一定にする

苦手な子は何回か跳ぶと、着地点が次第にずれてしまったり、上半身が前傾して姿勢が乱れたりしてきます。着地点が一定になる跳び方を練習します。

① 地面に印をつけ、印の上で数回跳ぶ。

② 跳んだあとに、自分の着地点と印との間にずれがないか確認する。

③ ずれがあればその様子（方向や距離）を確かめて、ずれがなくなるような跳び方で練習を繰り返す。

印ばかり見ないで、正面を向いて跳ぶように声をかける。

**参考文献** ●髙橋健夫ほか編『すべての子どもが必ずできる 体育の基本』（学研教育みらい）

# 腕を交差させたつもりの子、なわを速く回せない子

あや跳びや交差跳びで、本人は腕を交差させて跳んでいるつもりでも、実際には手を近づけているだけで、通常の前回し跳びになってしまっている子がいます。

また、二重跳びで、高く跳ぶことを意識し過ぎて着地で倒れてしまったり、なわが足に引っ掛かってしまったりと、失敗経験を繰り返している子がいます。

###  苦手・つまずきの背景

腕を交差させて跳ぶことのできない子は、自分の動きのイメージと実際の動きとが、大きく異なっていると考えられます。このような子には、動きのイメージと実際の動きを近づけられるようにする必要があります。そのためには、**めざす動きに似た運動（類似の運動）を経験させておくこと**が大切です。 P19 参照

特に、あや跳び・交差跳びといった腕を交差させる動きや、二重跳びのようになわを速く回す動きは、めざす技そのものに何度も挑戦して失敗経験を繰り返すよりも、類似の動きを**スモールステップで経験させて**おいてから挑戦させるほうがよいでしょう。

すぐにできるようになるわけではありませんが、比較的少ない失敗経験でできるようになるはずです。

**これで解決**
- 遊びながら、スモールステップで取り組む。
- 「類似の動き」をたくさん経験させる。

## プラン1 忍術修行！作戦
### 遊びながら、なわ回しの感覚に慣れる

なわ跳びの2つの柄を片手で持ち（なわが切れてしまったなわ跳びを使ってもよい）、頭の上や体の前、体の横などで回します。回転方向を反対にしたり、左右の手を換えたりしながら、回してみましょう。

**忍術修行**（柄を右手で持ったとき）
① なわを頭の上で回して「ヘリコプター」
② 体の前で回して「守りの盾」
③ 体の右で回して「車輪」
④ 体の左で回して「反対車輪」
⑤ 体の左右を交互に回して「交互車輪」

あや跳びや交差跳びには、「反対車輪」や「交互車輪」を重点的に取り組むとよい。

片手なわ回し P27参照

**アドバイス** 忍術修行であることを強調し、きちんと横隊で並びます。

**安全アドバイス** 安全のために十分に間隔を空けて一斉に行わせます。

## プラン2 友だちと見合いっこ作戦
### 交差している動きを確認し合う

あや跳びや交差跳びで、すでにできている子を見本にして、どういう形になっているか確認します。後ろから見ている友だちに交差した手をしっかり見せようと意識しながら運動することで「交差しているつもり」を解消することにもつながります。また、友だちと言葉で事実を指摘し合うこ とで、意識すべきポイントが明確になります。
「交差している位置」や「手首の回転」についても同様に、**見る・見られることを意識して行う**ことで上手になっていくことが期待できます。

**アドバイス** 「後ろから見て交差した手が見えるくらい大きく腕を交差させる必要がある」ことに気づかせます。

## プラン3 タタン・ヒュヒュン作戦
### 二重跳びはスモールステップで

まず、二重跳びが跳べるような速さ（前回し跳びを30秒間で約70回跳べる速さ）でなわを回せるようにします。30秒早回しは、記録が伸びていく楽しさがあるので、70回以上を目標に繰り返し行います。70回を超えるようになったら、次の①〜⑤のステップを順番に試してみます。

①**ジャンプ手叩き** ジャンプしている間にももを「タタン」と2回叩く。リズミカルに連続でできるようにする。

②**エアーなわ跳び** 2つの柄を片手で持ち、1回のジャンプで2回回す。音が「ヒュヒュン」と二重跳びの音になるように意識する。

③**腰抜け二重跳び** 前回し跳びを3回跳んだあと、思い切り高くジャンプする。着地まで足を縮めたままにして、足の下をなわが2回通過するように頑張る。

④**お手伝い二重跳び** 利き手（上手に手首で回せる方）で片方の柄を持ち、もう一方は教師、またはすでに二重跳びのできる子が持つ。タイミングを合わせて高くジャンプし、手伝う人は二重跳びの速さでなわを回す。反対の手でも練習する。

⑤**階段二重跳び** 腰抜け二重跳びと前回し跳びの組み合わせ。腰抜け二重跳びで1回跳べても、そこでやめずに、何とかジャンプして普通の前回し跳びを続ける。前回し跳びを数回跳んで体が安定してきたら再び腰抜け二重跳びをし、これを繰り返す。徐々に前回し跳びの回数を少なくしていくことで、連続二重跳びにつなぐことができる。階段二重跳びで5回できるようになったら、連続二重跳びに挑戦する。

1章 体つくり運動　　長なわ跳び

# 長なわ跳びで うまく入れない子

　長なわ跳びは、うまくできると仲間との一体感や自己肯定感が高まります。また、繰り返し跳び続けられると、限られた時間でたくさん体を動かすことができます。
　しかし、できる子にとってはなんともないことですが、苦手な子にとっては、タイミングよくなわに入って跳ぶことは難しく、何度やっても同じ失敗を繰り返してしまいます。

 **苦手・つまずきの背景**

　長なわは、なわが細く動きながら目でとらえることが難しいために、なわの動きがイメージできず、なわに入るタイミングがつかめないことが多いのです。まずは**なわのイメージをつかませる**ことが大切です。
　また、タイミングの取り方を身につけることはもちろんですが、なわを回す人の回し方やなわの長さを工夫するなど、**安心して取り組めるよう環境を整える**ことで跳びやすさが大きく変わります。
　ここでは、8の字跳びを例に紹介します。

 これで解決

- 易しいなわの動きに合わせて跳ぶ感覚をつかむ。
- 跳ぶ位置を「見える化」して、足運びのイメージをつかむ。
- 回す人の手の動きに焦点化して、なわの動きをイメージする。
- 回す人の立つ位置や回し方、なわの長さを工夫する。

### プラン1 なわの動きを見る！作戦
## なわの動きのイメージを膨らませる

易しいなわの動きから、徐々にステップアップして、なわの動きのイメージを膨らませていきます。

① 「大波小波」のように、回転せずに往復するような動きから始め、なわの動きに合わせて跳ぶ経験を重ね、イメージをつかむ。

② なわが地面に接地する所に目印をつける。なわ全体を見るのではなく、なわの動きに合わせて、印を跳び越す経験を重ね、イメージをつかむ。

### プラン2 オノマトペでイメージ作戦
## 目印を頼りに踏み切る！

一定のリズムでなわが回っていても、どのタイミングで入ってよいのかわかりにくい子には、次のような方法を試します。

① 回す人の手となわを目で確認しながら、なわが地面を叩いた音を聞いて、なわを追いかけるようにする。

② なわの接地点に目印をし、足運びの場所（2～3歩）にも印をつけておく。両足踏み切りでは「タ・タ・ン（両足を揃える）・パッ」となり、片足踏み切りだと「タ・タ・パッ」となる。両足踏み切りではこの「ン」の部分で、タイミングが遅れてしまうため、片足踏み切りも身につけるとよい。

③ なわの接地点へ最短距離で移動できるように、回す人のすぐそばからスタートする。

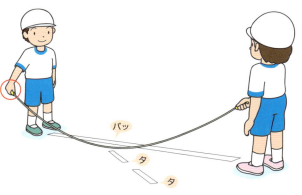

**アドバイス** ●タイミングに合わせた声かけ、軽く押してあげる、一緒に跳んであげるなど、仲間のサポートも重要です。
●片足で踏み切る練習は、迎えなわ跳び越しをして覚えます。

### プラン3 回す人に注目！作戦
## なわを回す人は相手への思いやりを！

回す人の役割は重要です。相手への思いやりや工夫しだいで跳びやすさは大きく違ってきます。長く安定して跳ぶためには、回す人が重要であることを強調します。

① 回す人2人の距離は、2～3mとし、跳ぶ人の移動距離を短くする。

② 回す人は、腕を伸ばして肩を始点に大きく回す。跳ぶ人の様子を見ながら、入るタイミングが遅かったら、なわを回す速さを調整する。

③ 跳ぶ人の跳ぶタイミングに合わせて、膝でリズムをとると、互いのタイミングが合いやすくなる。

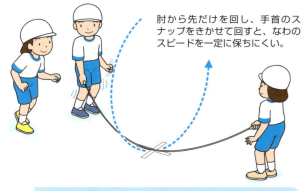

肘から先だけを回し、手首のスナップをきかせて回すと、なわのスピードを一定に保ちにくい。

**アドバイス** 気持ちよく跳んでいるとだんだんタイミングが早くなってくるので、声かけや合図などでタイミングを調整すると、長く安定して跳べます。

# すぐに捕まってしまう子

　鬼ごっこ（鬼遊び）は、特別な運動技術を必要としないことやルールがシンプルであることなどから、多くの子どもが楽しめる活動です。また、ボール運動などの基礎的なスキルを養うのに適しています。しかし、なかには鬼ごっこが嫌いで参加したがらない子がいます。すぐに捕まるのでターゲットになったり、相手を捕まえることが難しかったりするために、なかなかおもしろさを実感できません。必然的に、休み時間の遊びなどからも遠ざかってしまうことが多くなりがちです。

##  苦手・つまずきの背景

　鬼ごっこが苦手な子のつまずきには、さまざまな背景要因があり、複数の要因が絡み合っていることもあります。背景要因や授業で起こりうるつまずきはP33の表のように整理することができます。

### 1. 運動・動作のつまずき
　自分の体の全体像が把握できず、どう動けば効率のよい運動・動作になるかがわからないというつまずきです。鬼ごっこで求められる機敏な動きができず、うまくできないときにごまかしたり、ふざけたりすることがあります。うまくいかないことがわかっている子は、最初から「やりたくない」と拒否的な姿勢を示して予防線を張ることもあります。

### 2. 視覚認知のつまずき
　追いかけたり逃げたりといった状況に合わせた切り替えには、運動機能だけでなく、認知機能が必要です。認知機能のうち、視覚認知は特に重要な機能で、鬼ごっこでは、ぶつからないように動くことや安全な場所を探すなどの視空間認知が必要です。相手に視線を向け続けること、移動しながら相手を探すことなどにも大きく関係しています。
　また、注意機能（脳の認知機能の1つで、集中を持続させようとする力）が弱いと、敵・味方の瞬時の判断や相手に合わせた動きに困難さがみられます。

### 3. 対人関係のつまずき
　勝ち負けにこだわりがある子は、うまくできないときに悔しい気持ちを抑えきれなかったり、自分に有利なルールに変更しようとしたりすることがあります。また、他者の気持ちの理解が難しい子の場合、相手の動きを予測して動いたり、「なぜルールを守らなければならないのか」といったことを理解したりすることが難しい場合があります。　**P134参照**

### 4. ルール理解のつまずき
　理解が全般的にゆっくりな子は、ルールが複雑になると混乱してしまうことがあります。ルールがわからないまま動くと、周囲からのダメ出しやからかいにつながります。
　また、ワーキングメモリのつまずきがあり、一度覚えたルールを忘れてしまう子がいます。日常的に、指示の聞き漏らしや聞き間違い、自分の都合に合わせた思い込みで判断してしまう様子がみられます。

### 5. 運動スキル・状況判断のつまずき
　鬼のタッチをかわすスキルや人が少ないスペースを見つけて移動することなどが習得できていないと、参加したくない気持ちが強まります。
　また、鬼になったとき、タッチしやすい子を見つけたり、別の子に意識を切り替えたりするといったことが難しいために、同じ子に対してしつこくかかわってしまうことなどもあります。

**これで解決**
- 鬼ごっこに必要な動きの経験を重ねる。
- 大人もゲームに参加して、動くスペースを具体的に教える。
- ルールを変えて、参加しやすくする。

## ●背景要因と「鬼ごっこ（鬼遊び）」で想定されるつまずき

| | 背景要因と子どもの実態 | 授業で起こりうるつまずきの予測 |
|---|---|---|
| 1 | **運動・動作**<br>①機敏な動きができない<br>②動きのイメージがわかない | ○ 最初から「やりたくない」<br>○ うまくできないことをごまかす<br>○ ふざけたふるまい |
| 2 | **視覚認知**<br>①敵・見方を見分けられない<br>②相手に合わせた動きが苦手 | ○ すぐに捕まったり、ほかの人にぶつかる<br>○ 「チームプレーに向かない」と決めつけてしまう、投げ出す<br>○ 努力が報われない |
| 3 | **対人関係**<br>①勝ち負けへのこだわり<br>②負けたときの態度の未学習 | ○ 頻繁にかんしゃくを起こす<br>○ 言い争いになる<br>○ 相手に攻撃的になる |
| 4 | **ルール理解**<br>①複雑だと混乱する<br>②時間がたつとルールを忘れる | ○ ルールの解釈に時間がかかる<br>○ 柔軟に行動することが困難<br>○ 周囲からのダメ出し、からかい |
| 5 | **運動スキル・状況判断**<br>①休み時間に外に出たがらない<br>②他者に合わせる活動を避ける | ○ 運動全般に苦手意識を持ちやすい<br>○ 積極的に参加したがらない<br>○ しつこいかかわりになる |

### プラン1　運動スキル向上作戦
## 鬼ごっこに必要な、機敏な動きを学習する

**腰のひねりや反りでタッチをよける。**

ペアで、手を伸ばせば相手の体に触れられる位置に向かい合わせに立ち、腰をひねったり、体を反ったりしてタッチをよける。

**ジャングルジムやトンネルをすばやく通過する。**

ルートを設定し、中腰姿勢を取りながら、すばやくすり抜ける感覚を育てる。

**サイドステップで反対方向への「切り返し」を身につける。**

肩幅に足を広げ、膝を軽く曲げた構えから左右に移動する。切り返すときは、外側の足で踏ん張る。

### プラン2　ささやき作戦
## スペースを見つけるアドバイスをもらう

大人もゲームに参加しながら、空きスペースを指示したり、耳元でアドバイスしたりします。

### プラン3　ルール変更作戦
## ルールを工夫して、参加しやすい鬼ごっこに

例えば、30秒逃げ切ることから始めるなど「**時間を短くする**」、または「**エリアを狭くする**」、「**ペアで手つなぎをしたまま逃げる**」などの工夫をします。

1章 体つくり運動　鬼ごっこ②

# タッチされると怒る子

　鬼ごっこ（鬼遊び）のトラブルで最も多いのは、「タッチされたかどうか」です。捕まえる側は「タッチした」、捕まえられる側は「タッチされていない」と互いに一歩も引かない水掛け論になってしまうことがあります。どちらも真剣に取り組んでいるからこそ、そこまで主張するのでしょう。
　その一方で、タッチされたことが明らかなのに認めようとしないケースや、他者からの接触そのものに拒否・抵抗を示すようなケースの場合は、特別支援教育の視点を踏まえた要因の分析と適切な指導が重要になります。

 **苦手・つまずきの背景**

**1. タッチされたことを認めようとしないケース**
　鬼ごっこだけでなく、日常生活においても「自分の非を認めない」「自分勝手」「自己中心的」とみなされることが多い場合、「相手の気持ちに気づくことが難しい」というつまずきが関係していることがあります。このつまずきがあると、自分の行動を相手がどのように受け止めるのか、わかりにくいことがあります。また、失敗したり、うまくいかなかったりしたときに、自分のマイナス面の感情（悔しい、もどかしい、情けないなど）の整理が苦手なために、「アイツのせいで」「ボクは悪くないのに」など、他者のせいにしてしまうこともあります。

**2. 他者からの接触に拒否・抵抗感を示すケース**
　触覚が過剰に反応するために、防衛的になってしまうつまずきを「触覚防衛反応（触覚過敏）」といいます。
　触覚防衛反応は、成長していくにつれて軽減していくことが多いのですが、なかには適切な発達支援を行わなければなかなか軽減できない場合もあります。触覚防衛反応が強い子は、自分から人にベタベタと触れていくことがある割に、他者からの接触に警戒心が強く、人との距離感や周囲の気配にとても敏感なところがあります。
　このような背景から、鬼ごっこでタッチされると怒るという姿は「自分のペースを守りたい」という本能的な反応の1つとみなすことができます。　P13,84参照

**これで解決**
- タッチされたときに使うべき言葉を具体的に教えていく。
- タッチのしかたをクラス全体で確認しておく。

 **ワンポイント**
**「触覚防衛反応（触覚過敏）」とは**
　触覚には、2つの機能があります。1つは、自分が触れているものの形・大きさ・素材などによって、それがどんなものなのかを触れ分ける「識別的な機能」です。もう1つは、他者や周囲の環境から受けとめる触覚の刺激に対して、自分にとって有害なものかどうかを瞬時に判断し、とっさに身を守ろうとする「本能的な機能」です。
　人はみな、両方を持ち合わせていますが、触覚防衛反応がみられる子どもは後者の「本能的な機能」が強く表れている状態と考えられています。

## プラン1 感情言語作戦
### 気持ちを表現する言葉を覚える

P34の背景1のような場面で「自分の非を認めなさい」とか「相手の気持ちに立って考えなさい」といった指導では、**指示の内容が抽象的すぎて、伝えたいことがうまく伝わらない**かもしれません。もう少し具体的に、使うべき言葉（感情言語）を教えていきましょう。

P137参照

●タッチされたときに使うべき言葉

例えば、「悔しかったね」などと、自分を起点にした感情言語の整理をする。また、「今回はしかたないね」「次こそは！だね」と切り替えの言葉を教えることも大切。

●長期的な視点で応援

このつまずきは、まだ、その場で求められている適切な言動を身につけていない状態（右図参照）であり、**指導すればすぐに変化がみられるというわけではない**。言動そのものを直接的に修正しようとするのではなく、長期的な視点を持ち、少しずつ成長していく様子を確認しながら応援していくようにする。

## プラン2 タッチの学習作戦
### 鬼ごっこに適したタッチのしかたをクラスで確認しておく

タッチの強さや、接触する部位などは、暗黙の了解とされていることが多いようです。「言わなくてもわかるだろう」ではなく、**具体的に教える**ようにします。

●安心できるタッチの性質とは？

触覚防衛反応が強くみられる子どもにとって、安心できるタッチは、以下の3つの条件を同時に満たしている。

> **面が広い**（点のタッチは防衛反応を引き出しやすい）
> **圧が強い**（かすかな圧のタッチは不安を助長しやすい）
> **時間が長い**（瞬間的なタッチは警戒心を高めやすい）

まずは、このようなタッチの性質を知っておき、相手にしっかりわかるようにタッチすることを指導する。

●安心できる部位を増やすには？

右上図のように両手と膝を着いたときに雨に濡れない部分（オレンジ色の部分）は、身を守るために必要な身体部位・感覚器官が集まっている。そのため、触れようとすると、本能的に身を守ろうとする触覚防衛反応が引き出されてしまうことが多い。タッチをするとき、顔や首周辺、脇腹などは避けるほうがよい。

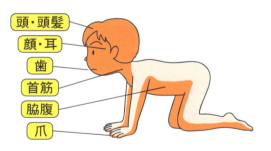

また、背中側は比較的触覚防衛反応が出にくい部位だとされている。鬼ごっこを行う前に、背中に指で形や文字を書いて当てるようなクイズを出し合う場面をつくると、触覚への適切な感覚情報が入力され、参加への抵抗感が低くなることが想定される。

1章 体つくり運動　姿勢保持・身体操作

# すぐに姿勢が崩れたり、座り込んだりしてしまう子

　学校で、すぐに姿勢を崩して横になってしまったり、座り込んでしまったりする子がいます。教室でも廊下でもどこでも座り込み、椅子に座っていても机の上に体を倒しています。
　また、すぐに「疲れた」とか「なんかだるい」といったことを言います。なんだかだらだらしているように思われ、先生から「シャンとしなさい」とか「ビシッとしなさい」というような声をかけられます。

 **苦手・つまずきの背景**

　体調がすぐれないなどの原因も考えられますが、体幹を上手に締めることができていない場合も多くあります。
　現代の子どもたちは日常生活の中で全身をギュッと縮めたり、思いきり力を入れたりする経験が少なくなっています。体幹を締めることは、体を安定させてさまざまな動きができるようになることへつながります。マットや鉄棒、跳び箱といった器械運動や、ボール運動での身体操作、全力で走ったり跳んだりといったことにも影響します。小学生のうちから、体幹を締める運動をたくさん経験させておきましょう。

- 高い所で、緊張感をもって体を動かす。
- 全身に力を入れる（体幹を締める）運動をたくさん行う。

## プラン1 高い所は緊張する！作戦
### 固定遊具でたくさん遊ぶ

　高い所で鬼ごっこなどの遊びをするには、落ちないように体を緊張させながら自由に動き回らなければなりません。これには、常に体幹を締めながらも、体を思いどおりに動かすことが求められます。
　ジャングルジムや登り棒、うんてい、複合遊具などの固定遊具を使って、高い所で鬼ごっこなどの遊びをさせましょう。

## プラン2 体に力が入る遊びがいっぱい！作戦
### 全身に力を入れる運動をたくさんする

体育の授業や遊びの中で、次のような運動を経験させてあげましょう。

### ダンゴムシ
① 鉄棒を逆手で握り、脇を締めて鉄棒をしっかり体に引きつける。
② あごは鉄棒から下にさがらないようにする。
③ 足を曲げて膝を体に引きつけて全身をダンゴムシのように丸める。
④ どうしても肘が伸びてしまう子には、足と尻を支えて補助をする。 **P53 参照**

### 登り棒
① 脇を締めて肘を曲げて、しっかり棒につかまる。
② 手を伸ばすことができれば、手と足を使って登る。
③ どうしても落ちてしまう子には、教師が足の下あたりの棒を握って足がかりにする。尻を支えて持ち上げてあげてもよい。

### ターザンロープ
　通常、ロープの下のほうに結び目がつくってあり、そこに座ったり乗ったりして遊ぶが、できるだけその結び目には乗らずに脇を締めてしっかり手でつかまって遊ぶ。

### 壁登り逆立ち
① 壁に背を向けて立ち、両手を着いて足で壁をよじ登る。
② 足を背屈させることで体幹が締めやすくなる。
③ 尻を引っ込めたり、腹をへこましたりするとよい。
④ できれば、手から足までまっすぐ、棒のようにする。

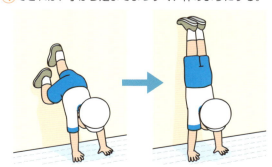

# 力加減の調節が苦手な子

力加減の調節はそもそも簡単なことではありませんが、動きのコントロールの獲得まで至っていないことが考えられます。その理由として、「もっと丁寧に」と言葉で言われただけでは理解できていないことが考えられます。また、何度もやり直させられることで嫌になってしまう場合や、「きちんとやろうとしていない」「ふざけている」と誤解されて指導されることにより、意欲や気持ちがそがれてしまっている場合が考えられます。

## 苦手・つまずきの背景

力加減の調節が苦手な子の中には、腕や足が伸びているのか曲がっているのか、筋肉にどのくらい力が入っているのかなどの情報を脳に伝える固有感覚（固有受容覚）の反応が低いケースが多くみられます。このため、無造作、乱暴、粗雑な動作となって表面化してしまうことがあります。こういった感覚の発達には、さまざまな活動に地道に取り組んでいく必要があります。 **P42参照**

力加減とは、「その状況に適した運動の、①方向性、②強さ、③速さがコントロールできること」と言い換えられます。この3つの要素を同時に求めてしまうと難しさが現れやすくなるため、1つずつ分けて指導するようにします。

**①運動の「方向性」**
「ここから、ここまで」のように、動きの始点と終点を明確に伝える。「〇〇度で止める」などのように、具体的な数値を示す、など。

**②運動の「強さ」**
「卵が割れないくらい優しく」などのように、強さのイメージが伝わるように説明する、など。

**③運動の「速さ」**
「〇秒で」と時間を伝える。「ビューンと」などの擬態語を用いてテンポを具体的に指導する、など。

また、力加減が難しい動作というものもあります。事前に次のようなつまずきの出やすい場面を想定しておくとよいでしょう。

- 腕や足を伸ばしきる、曲げきる動作はわかりやすいが、中間で止める動作はわかりにくい。
- 背中や尻など、自分から見えないところを意識する姿勢はわかりにくい。
- モデル動作が事前に示されていない動作は難しい。
- 相手のペースや力に合わせる動作は難しい。

うまく力加減の調節ができないと、相手とのかかわりが強くなりすぎたり、粗暴な子というイメージがついてしまったりすることがあります。また、相手のパーソナルスペース（個人的に安心できる、人との距離感）に入り込んでいることに気づけないと、相手に不快感を与えてしまうこともあります。力加減の調節は、社会性の発達にも少なからず影響するということを踏まえて指導をしたいものです。

手っとり早く力加減の調節ができる方法はありません。背景要因を理解したうえで、解決方法を考え、地道に継続的に取り組んでいきましょう。

- 力加減の調節がなぜ難しいのかを理解する。
- 力加減を「運動の方向性」「強さ」「速さ」に分けて、1つずつ教える。
- 力加減の調節が難しい動作や行動を知り、つまずきの出やすい場面を想定しておく。
- 感覚統合遊びを取り入れて、動きをコントロールする力を向上させる。

 「力加減のコントロール力がすぐに上達する方法があるわけではない」ことも理解しておきましょう。

### ワンポイント
### 「固有感覚（固有受容覚）」とは

動いているときも、止まっているときも、私たちは無意識のうちに、筋肉の曲げ伸ばし具合や関節の角度の維持をコントロールしています。そのとき、筋肉をどの程度張っているのか、関節をどの程度曲げているのかなどを感じているのが「固有感覚（固有受容覚）」です。

例えば、目をつぶったままの状態で、「グー・チョキ・パー」と手の形をつくったり、手のひらに乗せられた本が何冊くらいかを当てたりできるのは、固有感覚がしっかりと働いているからです。

## プラン1　感覚統合遊び作戦
## 力加減をコントロールすることを覚えよう！

### ① 3人で押し合う

3人が両手のひらをそれぞれ合わせて、腕で三角形をつくり、力の加減をそろえ、三角形をキープしたまま押し合う。

**アドバイス** ▶ 力加減がそろわなかったり、腕の伸ばし加減がそろわなかったりすると、形が崩れてしまう。

### ② 振り子アタック

振り子のように動くボールを目で追い、タイミングよく同じ強さで打ち返してラリーを続ける。同じリズム、同じ振り幅になるように行うこと。

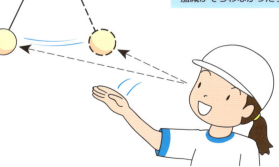

**参考文献**
- 川上康則 監修『発達の気になる子の 学校・家庭で楽しくできる 感覚統合あそび』（ナツメ社）
- 宮口幸治、宮口英樹 編著『不器用な子どもたちへの認知作業トレーニング』（三輪書店）

# 1章 体つくり運動
## 固定遊具を使った遊び

　幼少期から公園で遊ぶ機会は誰にでもあったと思います。公園にある遊具で遊ぶことは、子どもたちのさまざまな基礎感覚を養います。これまでにも何度か書いていますが、基礎感覚を養うことは、体を思うように動かすことにつながります（→P14-19）。それは子どもにとって、これから経験する運動ができるようになるかどうかに大きく影響します。公園や学校にある固定遊具で遊ぶことは、子どもたちにとって友だちと楽しく過ごしながら基礎感覚を養う大きな機会となります。特に重要な基礎感覚としては、次の5つを挙げることができます。

- ●体幹の締め感覚　●腕支持感覚
- ●逆さ感覚　　　　●振動感覚
- ●回転感覚

P15-19 参照

　ここでは、いくつかの固定遊具について、どのような遊び方をするとどのような基礎感覚が養われるのかといったことを解説していきます。
（清水 由）

### 登り棒

　登り棒は、体幹を締める感覚や高さに対する位置感覚を養います。はだしで登る→靴下を履いて登る→靴を履いて登る、というスモールステップで挑戦させましょう。

　なかなか登れない子は、しがみついて10秒間我慢することをめざしましょう。補助者は、登っている子の足の下あたりで棒をつかんで足がかりをつくります。下りるときは自分の力でゆっくり下りるように声をかけます。

　また、2本の登り棒をつかんで、逆上がりをしたり逆立ちの姿勢になったりして遊ぶと、逆さ感覚や回転感覚が養われます。

### ジャングルジム（ネットツリー）

　高い位置へ登ることは、全身を緊張させ体幹の締め感覚を養うことにつながります。子どもたちは高い場所で鬼ごっこをするのが好きですが、これは緊張感の中で体幹を締めたり緩めたりしながら体を思うように動かすことを楽しみながら行っているのです。

　ほかにも、ジャングルジムの上で膝を掛けてぶら下がったり逆上がりをしたりすることで、逆さ感覚や回転感覚が養われます。

### うんてい

　うんていは、できるできないが極端で、子どもたちの好き嫌いもはっきり分かれます。端から端まで落ちずに渡りきるのはなかなか難しく、諦めてしまう子も多くいます。そのぶん、落ちずに渡れたときの笑顔は素晴らしいものがあります。

　うんていでは、主に振動感覚が養われます。ぶら下がって1つ1つ移動していくことから始まり、振動が少しずつ大きくなって1つや2つ飛ばして移動する子まで出てきます。

キーワード　基礎感覚

## ブランコ

　子どもたちが大好きなブランコは、主に**振動感覚**が養われます。座りこぎでも立ちこぎでも、ブランコの振動と膝の曲げ伸ばしを同調させることでより大きな振動となります。最初は、後ろから押してあげるところから始めると楽しく行えます。

## 鉄棒

　公園にも校庭にもある鉄棒は、いつでも遊べるようで実はあまり遊ばれていない遊具です。痛さや怖さから避ける子が多くいます。それでも前回り下り程度であれば、遊びの中で行い、できるようになっておきたいものです。

　前回り下りは、**逆さ感覚**や**回転感覚**が養われます。鉄棒に乗ってツバメ姿勢をとれば、**腕支持感覚**が養われます。子どもが怖がるときは、補助に付いてゆっくり回してあげましょう。

　膝に引っ掛けてぶら下がったり（こうもり姿勢）、手でぶら下がったりして揺らして遊ぶと、**逆さ感覚**や**振動感覚**が養えます。

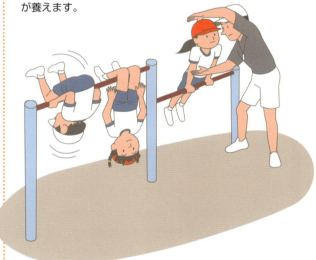

## 丸太（平均台）

　丸太渡りでは、バランス感覚が養われます。バランスをとるには、体幹を締めて重心をコントロールする必要があります。**体幹の締め感覚**や重心移動の感覚も養われます。

　1人で渡りきれないときは、片手を持ったり腕をつかませてあげたりといった補助をするところから始めましょう。1人で渡れるようになったらドンじゃんけんなどで遊び、楽しみながらより早く移動することで感覚が洗練されていきます。

# 体つくり運動と感覚

本章では、まさに「自分の体を知る」「自分の体の動かし方を知る」ための基礎的な活動が紹介されていました。これらを支える感覚、つまり私たちが意図的、効率的に動くために必要な感覚には、**固有感覚**と**前庭感覚**の2つがあります。この2つの感覚は普段なかなか意識されにくいものです。

まず**固有感覚**（深部感覚ともいわれます）ですが、これは、筋肉、腱、関節などで感じるものです。体がどのように動いているのか、腕、足、指が伸びているのか曲がっているのか、筋肉にどのくらいの力が入っているのかなど、姿勢や運動に関する情報を脳へ伝える役割を果たしています。

固有感覚は、手足の位置や運動の様子、物の重さなどの情報を脳に伝え、姿勢を保持し、体をスムーズに動かすために機能します。①力のコントロール、②手先の運動、③ボディイメージなどと関連しており、筋肉の張りが緩い（筋緊張が低い）場合、固有感覚は感じ取りにくくなるといわれています。

固有感覚をうまく処理できないと、動きがぎこちなくなり、スピードを調整することが難しくなります。手先の微細運動と全身を使う粗大運動、両方とも努力を必要とするので、すぐに疲れることになるのです。また一度行った運動を再現することや、修正することも難しくなります。

次に**前庭感覚**ですが、これは平衡感覚ともいわれ、体のバランスを整える機能のことです。そして前庭感覚が機能することにより、さまざまな感覚からの情報が統合されます。ある活動を行う際、さまざまな情報を関連づけて把握することができます。

前庭感覚は①筋緊張の調整、②目の運動、③姿勢保持、の機能と関連があります。固有感覚（筋肉や腱からの情報伝達）から送られてくる信号をもとに、筋緊張の調整を行ったり、自分の動きを調整したり、自分が動いている方向や進んでいるスピードの把握をしたりする手がかりにしているのです。

発達が気になる子は特にこの2つの感覚を育てる必要があるわけですが、例えば以下のような活動がそのトレーニングになります。

- はいはい、高ばい、ずりばい、寝返り、つま先歩き、かかと歩きなどさまざまな動き方を経験する
- トランポリンでジャンプする
- マットの間に挟まれる
- ブランコに乗る
- 鉄棒にぶら下がる（固有感覚）
- フープをくぐる
- ハードルを跳ぶ／くぐるを交互に行う
- 高いところに登り、跳び下りる
- バランスボールの上でバランスを取る
- 一本脚椅子でバランスを取る
- おしくらまんじゅう
- ジャングルジム内で追いかけっこ

最近公園で見かけなくなったものに、回転遊具がありますが、これは前庭感覚を育てるのに大変有効だったのです。近年では安全に配慮するあまり、子どもたちが遊びを通じて楽しく感覚を体験するチャンスを減らしてしまっているといえるでしょう。回転遊具あるいは木登りなどでは、自分の体を支えるためにはどのくらいの力が必要か、どのような動きが必要か、といった体の支持感覚を経験できます。

体の支持感覚のイメージが弱い子が「踏ん張り感」を会得するためには、「力が入っている状態」と「力を抜いた状態」を明確に感じる経験を繰り返す必要があります。また、すばやい動き、ゆっくりした動きに気づくことも重要です。

（阿部利彦）

# 2章
# 器械運動

2章 器械運動　マット運動（前転）

# まっすぐ回れず、左右に曲がってしまう子

　マットの上でまっすぐ回転できずに左右に曲がってしまう子や、頭頂部をすぐに着けてしまい窮屈そうに前転をする子がいます。
　しっかりと腕支持ができていないまま前転をしようとすると、左右のバランスが悪い場合は曲がり、両肘が曲がった場合は窮屈な前転になってしまいます。

 **苦手・つまずきの背景**

　前転は両腕で支持し、腰を高い位置に保ちながら回転します。どちらかの**腕支持が十分でない**と、肘が曲がったほうに曲がり、まっすぐに回れない原因となります。また、**両腕を伸ばすことができていないと、腰の位置が低くなり**、頭を入れて回転させるための空間がつくれません。そのため、頭頂部を着けた、窮屈な前転になってしまいます。
　そこで、まずは腕支持の感覚を身につけることが大切です。また、マット運動でスムーズな回転ができるようになると、跳び箱運動の台上前転など、さまざまな技の習得につながります。

P62-63 参照

 これで解決

- ●手のひらを広げ、両腕で体重を支える感覚をつかむ。
- ●腰を高い位置に保ちながら前転するための感覚をつかむ。
- ●スムーズな回転のために、マットや用具を工夫する。

## プラン1 楽しい動きで腕支持作戦
## 両手でしっかり自分の体重を感じよう！

　前転にチャレンジする前に、動物歩きやカエルの足打ち、壁登り逆立ちなどで、腕支持の感覚（体重を肩で感じる）を身につけます。

① 動物歩き（手足走り・ウサギ跳びなど）で、腕で体を支える感覚を味わう。

② カエルの足打ちで、しっかり体を支える感覚を味わう。

③ 壁登り逆立ちで、徐々に体を支える感覚を味わう。

**安全アドバイス** ▶ 手のひらをしっかりと広げさせることは、けがの防止にもなります。

## プラン2 マットで腰を高く保つ作戦
## 腰を持ち上げて、回転しよう！

　しゃがんだ状態からでは腰の位置が低く、そのまま回転の動きに入ってしまうと腕が伸ばせず、頭を回転させる空間が生まれません。

① 足の高さをマットなどで調整し、足が手の着く位置よりも高くなるようにする。

② 腰を高い位置に保つため、手と足の間に柔らかいボールなどを置いて跳び越すようなイメージを持つ。

**アドバイス** ▶ 高さを少しずつ調節しながら、段差のない状態に近づけていきます。

## プラン3 コロコロ進むぞ！作戦
## 用具を工夫して、スムーズな前転にチャレンジ！

　腰を高い位置に置き、頭を回転させる空間をつくることができたら、スムーズな前転をめざします。

① 足を踏み切ったら、自分のへそを見るようにして回転する。

② 回転力が足りない場合は、マットの下に踏み切り板などを置いて傾斜をつくり、回転力を補助する。

③ 起き上がれない子には、膝裏に紅白帽などを挟ませ、膝をたたむ感覚をつかませる。

●清水 由『子どもが動く授業マネジメントと折り返し運動』（学事出版・学事ブックレット）

2章 器械運動　マット運動（後転）

# 怖がって、勢いよく回れない子

　マット運動では、前転よりも後転のほうが「怖い」と感じる子が多くいます。背中側は自分で見えないため、後ろに倒れ始めてからマットに背中が触れるまでの時間に恐怖を感じやすくなります。恐怖心が拭えないと、肘や膝で回転の勢いを止めてしまったり、体全体が横方向に大きく傾いてしまったりして、うまく回れません。

##  苦手・つまずきの背景

◆ **あおむけ姿勢でいることが不安な子**
　後転を極端に嫌がる子の中には、あおむけ姿勢でいることに不安を感じるケースがあります。睡眠時に、うつ伏せ姿勢でないと寝られない、「大の字」の姿勢では安心できないなどの背景情報があるか確認してみましょう。このような場合「**姿勢不安**」という状態であると考えられます。
　後転は、自分からは見えない背中側に、勢いをつけて倒れ込むところから始まります。そのため、「怖い」という本能的な機能が働くことがあり、**まずは、怖さの払拭から始める**必要があります。

◆ **後転のつまずき**
**(1) 回転に勢いが足りない**
・尻を床に着けるときに勢いがないと、回転が不足して回れない。
・回転する方向がまっすぐでないと、体全体が大きく横に崩れてしまう。
**(2) 手の着き方がしっかりしていない**
・両手の手のひらをマットにしっかりと着けられていないと、最後まで押し切ることができない。
・肘などで回転にブレーキをかけてしまう形になるので、回り切ることが難しくなる。

### ワンポイント　「姿勢不安」とは

　人は、無意識のうちに安定的な姿勢を確保しようとします。安定的な姿勢のとり方には個人差があり、姿勢を感じ取る感覚が鋭く働く人はちょっとした変化にも「怖さ」を感じてしまうことがあります。姿勢を感じ取る感覚には、次の3つがあり、複合的に関連づけられます。
**視覚情報**：目で見て現在の傾きや位置関係を確認する。
**平衡感覚情報**：頭の位置が地面に対してどのようになっているかを感じ取る。
**固有感覚情報**：地面に対して体のどの部位を接地させ、どれほど踏ん張っているかを感じ取る。
　これらの感覚情報の変化に敏感な場合を「姿勢不安」といい、より安全な姿勢で体を守ろうとする本能的な機能が働きやすくなります。

- 尻を着く位置を工夫し、怖さを取り払う。
- 勢いをつけて回ること、まっすぐ回ること、最後に手で床を押し切ることなどを1つずつ確認しながら獲得させていく。

## プラン1 ドッスン座り作戦
### 後ろに回ることの「怖さ」を軽減する！

後転で回る準備の姿勢をとります。尻をできるだけ遠くにずらして着くようにして座ります。その反動で、背中がマットにつき、足が頭上にくるようになっていれば、勢いがついていることがわかります。

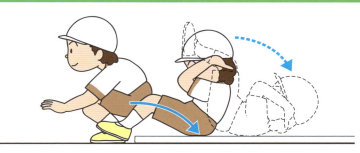

## プラン2 止まらない！作戦
### 回転に勢いをつける！

回転に勢いをつけるために、腰を高く上げたり、傾斜を利用したり、補助をつけたりします。

① 腰を高く上げる。体を丸めようとするよりも、頭上に腰を高く上げたほうが上手に回転できる。

② 傾斜を活用する。

③ 補助をつける。

**アドバイス** 回転を補助するときのポイントは、押すのではなく、腰を上方向に引き上げるようにすることです。

**安全アドバイス** 回転方向に押すと、首のけがにつながり危険！

## プラン3 ゆりかご作戦
### まっすぐに回れない子は、「ゆりかご」で床に両手タッチ

前後にゆりかごのように揺れます。背中を着けたら、耳の横で手のひらをマットに確実に着けるように練習します。両手は、回る前から準備しておいたほうが乱れません。

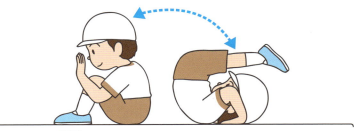

参考文献 ●髙橋健夫ほか編『すべての子どもが必ずできる 体育の基本』(学研教育みらい)

2章 器械運動　マット運動（側方倒立回転）

# 側転をしようとして、ひっくり返ってしまう子

　側方倒立回転は、子どもたちの憧れの技の1つです。広くて気持ちのいい芝生などがあれば、思わず側転をしてしまうような子どももいます。ところが、かっこよくて憧れの技である反面、まったくできずにひっくり返ってしまう子も多くいます。

　「かっこよく回ってみたい」という気持ちから「ひっくり返ってしまうとかっこ悪いからやりたくない」という気持ちに変わってしまう前に、ある程度できるようにさせたいものです。

 **苦手・つまずきの背景**

　側方倒立回転には、腕で体重を支える「**腕支持感覚**」、逆さの姿勢になったり体が回転したりしても混乱しない「**逆さ感覚**」や「**回転感覚**」など、**運動のさまざまな基礎感覚**が必要です。これらの基礎感覚を類似の運動（運動アナロゴン）のスモールステップで経験させ、必要な基礎感覚を培うことでみんなが上手にできるようになります。　P19 参照

　また、手と足をどのように使っているのかがわからずにひっくり返ってしまう子もいます。いくつかのポイントを押さえることで、ひっくり返らずに回れるようになります。

 これで解決

- ●類似の運動の繰り返しで必要な基礎感覚づくりをする。
- ●手と足の出し方や着く順序をきちんと理解させる。
- ●「できた！」の基準を易しくする。

### プラン1 スモールステップ作戦
## 類似の運動をスモールステップで経験する

カエルの足打ちから始めます。易しい動きから少しずつ動きを工夫していくことで、側方倒立回転に近づけていきます。

#### ①カエルの足打ち
何回足打ちができるかを数える。回数が増えるほど、手に体重を乗せることができる。

P45参照

**アドバイス** しっかりと手のひらを広げて床に着き、手と手の間を見続けることがポイントです。

#### ②ひねったカエルの足打ち
カエルの足打ちの着手をひねってみる。着手をひねることで、足打ちをしたあとの着地が横になる。

**アドバイス** どちらの手を奥に着手するかは、やりやすいほうを子ども自身に見つけさせます。

#### ③川渡り
ひねったカエルの足打ちに少し勢いをつけ、マットの反対側に着地する。足打ちはしないが、勢いをつけた着手でもマットの反対側へ足の裏からしっかり着地できるように気をつけさせる。

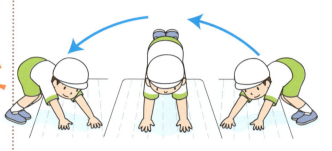

**アドバイス** 両足でジャンプする子と片足で踏み切る子が出てくるので、比較して、片足踏み切りで反対側へ渡る子が側転に近づいていることを確認するとよいでしょう。

### プラン2 手足おんなじ作戦
## 手と足の使い方をきちんと理解する

川渡りの片足踏み切りに挑戦すると、ひっくり返ってしまう子が増えます。それは、手と足が正しく使えていないからです。最初の構えで順序よく使えるようにします。

側転の構えは、左足が前のときは左手を前に出して右手は上に上げます。着手は前に出した手と同じほうへ指先を向けてひねって縦に着きます。

**アドバイス** 実際には前に出している手を先に着き、奥の手をあとに着きます。しかし、両手を同時に着くイメージで行わせたほうが上手にできることが多いのです。

### プラン3 ズッコケなければOK作戦
## 「できた！」の基準を易しくする

かっこいい側方倒立回転をめざすと、ある程度形ができていても、子どもたちはなかなか「できた」と思えません。ゴールイメージを、「着手して回って着地ができ、肘や膝、尻、手などをついてズッコケなければ成功」とすると、ほとんどの子が「できた」を経験することができ、成功体験を得られます。

**アドバイス** 肘や膝の曲がった小さい側方倒立回転をする子が出てきますが、その状態でも「できた」と評価をします。そのうえで、大きく回ったほうがかっこいいことを伝え、その子なりの大きな側方倒立回転に取り組ませます。

2章 器械運動　マット運動（壁逆立ち）

# 背中を打ったり、頭を打ったりしてしまう子

逆立ちをしようとすると、体が丸まってしまって壁に背中を打ちつけてしまったり、腕がぐにゃっと曲がって頭を打ってしまったりする子がいます。また、そもそも頭が下がる逆さ姿勢ができない子もいます。

これらの動きは、逆さ感覚や腕支持感覚、体幹の締め感覚が培われていなければできるようになりません。特に、逆さ姿勢は、感覚が培われていなければ、体がパニックを起こしてしまいます。

## 苦手・つまずきの背景

日常生活で逆さの姿勢になることは、ほとんどありません。同様に、腕で自分の体重を支える経験もあまりないのではないでしょうか。そのため、体育授業でしか経験しない子も多く、最初はできなくて当然です。いきなり無理をして完成形をめざすと、体がパニックを起こしてしまいます。 P16-21 参照

ただ、スモールステップで友だちと補助をし合いながら運動することで、すべての子どもができるようになるのが、壁逆立ちです。思うように体を動かすために必要な基礎感覚を1つの運動で培えるとても大切な運動です。小学校卒業までに全員ができることをめざしましょう。

これで解決

- 必要な感覚づくりをスモールステップで行う。
- 友だちと助け合うことで、できる喜びを共有する。
- 「できた！」の基準を易しくする。

## プラン1 スモールステップ作戦
## 順番に「できた！」を繰り返す

順番に「できた！」を積み重ねていきましょう。

### ①カエルの足打ち・カエル倒立・よじ登り逆立ち

どの運動も手をしっかり開いて着き、手と手の間を見続けること。よじ登り逆立ちは、足首を背屈させるのがポイント。できれば、おなかを引っ込めた姿勢で。10秒間姿勢を保てたら合格。これらの運動もじゃんけんを使ってゲーム化するとよい。

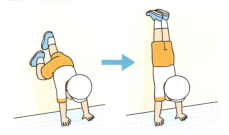

### ②頭着き壁逆立ち

壁に近いところに頭頂部を着け、頭と手で三角形をつくるように両手を着く。尻を上げて壁に背中を近づけてから、両足を静かに上げてダンゴムシの姿勢になる。余裕があればゆっくり足を伸ばしていく。10秒間姿勢を保てたら合格。

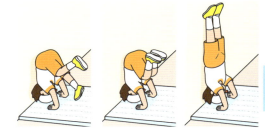

### ③引っぱり逆立ち

頭着き壁逆立ちの状態から足を引っぱり上げて壁逆立ちの姿勢にしてあげる。10秒間姿勢を保てたら合格。

**アドバイス** ▶ 体の大きな子のお手伝いは、教師が一緒にしましょう。

### ④壁逆立ち

立った状態から勢いをつけて着手し、床を蹴り上げる。両足を壁に着き、棒のようにまっすぐ壁に寄りかかる。しっかり手と手の間を見て体幹からつま先まで締めることで、きれいでかっこいい壁逆立ちができる。

**アドバイス** ▶ 頭を着けた状態で両手を目視させると、三角の位置になっているかどうかを自分で確認できます。

## プラン2 友だちお手伝い作戦
## お手伝いをし合うことで、できる喜びを共有する

1人で逆立ちの姿勢になれないときは、横に友だちがついてお手伝いをします。頭着き壁逆立ちも、壁逆立ちも、お手伝いがあればできるようになります。そして、お手伝いでできたことを合格とすれば、多くの子どもたちが「できた！」と思えます。できるようになった子から秒数を伸ばしたり1人で挑戦したりすれば、それぞれの子どもが意欲的に行うようになるでしょう。

### ①お手伝いの頭着き壁逆立ち

手と頭の位置が三角形になっているかの助言と、足を持って支えてあげるようにするとよい。

### ②お手伝いの壁逆立ち

壁逆立ちをする子の、後ろの足の横に立ち、蹴り上げるタイミングに合わせて膝を持ち上げる。壁で止め、声をかけてからゆっくり離していく。

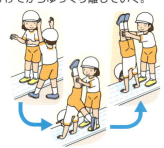

# 失敗ばかりして、諦めている子

　「鉄棒運動＝逆上がり」といっても過言ではないほど、なぜか日本では逆上がりをさせたがります。体育の授業で練習をさせられて、失敗の連続を経験することで諦めてしまう子がいます。そのような子は、鉄棒を握ることすらしなくなります。
　失敗を続けることは、子どもがやる気をなくすことへつながり、マイナス以外のなにものでもありません。類似の運動を豊富に経験させてあげることで、頑張ったらできるようになるという成果を感じられるように指導していきましょう。

 **苦手・つまずきの背景**

　諦めてしまったりやる気をなくしてしまっているのは、失敗経験の連続によるものです。できるようになる見通しもなく、ただひたすらに逆上がりそのものだけの練習をさせているようでは、いつまでたってもできるようになりません。
　逆上がりができるようになるには、体幹や四肢の締め感覚と後方への回転感覚が必要です。

 これで解決

- 逆上がりに必要な基礎感覚を培う運動を行う。
- 友だちのお手伝いで、たくさん経験する。

52

## 逆上がりウォーミングアップ作戦
# 逆上がりができるための基礎感覚を培っておく

体幹や四肢の締め感覚と後方への回転感覚を培う易しい運動をいくつか紹介します。

### ①登り棒

登り棒に10秒間つかまって、落ちないようにする。このとき、肘を伸ばさずしっかり曲げて脇を締めること。できれば、いちばん上をめざして登る。

**アドバイス** ▶ 落ちてしまう子には、補助者が足の下の棒を握り足がかりにします。尻を支えて持ち上げてもよいでしょう。

### ②ダンゴムシ

鉄棒を逆手で握り、脇を締めて鉄棒をしっかり引きつける。あごは鉄棒から下にさがらないように。足を曲げて膝を体に引きつけて全身をダンゴムシのように丸める。肘が伸びてしまう子には、補助者が足と尻を支える。

### ③ゆっくり前回り

前回り下りをできるだけゆっくり行う。

**アドバイス** ▶ 音がしないように着地できたら、「素晴らしい！」とほめます。

### ④にょろ転

マットの上で寝転がり、足を上げる。そのまま頭のほうへ倒し、肩越しに回転する。力を抜くことで首の左右のどちらかへ抜けて無理なく後ろへ回転することができる。

### ⑤足抜き回り

鉄棒にぶら下がったら、尻を上げてそのままくるっと回る。できたら、そのまま元に戻る。最初は鉄棒に足をかけて回ってもよいが、慣れてきたら足をかけずに回れるようにする。

### ⑥宙返り

大人が両手を持ち、ももに足をかけさせて登るような感じで後ろへ回す。

**アドバイス** ▶ 連続で回ることができたら、「素晴らしい！」とほめます。

### ⑦ジャングルジム回り

ジャングルジムで1段ずつ足で登るようにして後ろへ回る。肘を伸ばさないように気をつける。

**アドバイス** ▶ 何回か連続で回れたら、「素晴らしい！」とほめます。

### ⑧登り棒回り

2本の登り棒を両手で持って、足で蹴り上げ、逆上がりのように回る。

### ⑨ふとん干しからの起き上がり

ふとん干しの姿勢から鉄棒を持ってツバメの姿勢に戻る。背中を持ち上げてから、最後に頭を上げるとやりやすい。

## 友だちのお手伝い作戦
# 友だちのお手伝いで全員が必ずできる！

逆上がりのお手伝いは、タイミングよく膝裏や腰を持ち上げることで子どもどうしでも十分にできます。連続回数を競ったり、リレーをしたりして、たくさん経験できるようにしましょう。2人のお手伝いでできたら、1人のお手伝いでも挑戦します。

53

2章 器械運動　鉄棒運動（前回り下り）

# 前回りをすると体が反り返ってしまう子

　鉄棒の前回りを強烈に嫌がる子がいます。基本的に鉄棒に触ることすらしません。授業では、鉄棒に乗ることも嫌がり、無理に乗せても腕を伸ばすことができず、おなかの上のほうで支えてろっ骨に当たり、すごく痛い思いをしています。

　もちろん、ふざけているわけではなく、まじめに怖いのです。ただ、子どもにとって前回り下りなどの簡単な運動ができないことは、転んでしまったりちょっとした段差から落ちてしまったりしたときにとっさの行動ができず、大きなけがにつながってしまうこともあります。

##  苦手・つまずきの背景

　鉄棒を強烈に嫌がる原因としては、**過去に鉄棒から落ちた経験があって恐怖を感じている子**や、**ほとんど回った経験がなくて逆さになることや回転をすることを怖がっている子**であることが考えられます。

　過去に痛い思いをしたこと、やったことのないことを怖がるのは当然です。そういった子どもを無理やり回そうとすると恐怖心をあおって思わぬ動きをするため、かえって危険です。

## これで解決

- マット運動で「回転感覚」、「腕支持感覚」、「体幹の締め感覚」を培っておく。
- 教師の正しい補助で安心してもらう。
- ゲーム化してたくさん経験させる。

## プラン1 マットなら怖くない！作戦
### マット運動で落ちる心配なく基礎感覚を培う

落ちる心配がなく、鉄の棒で痛い思いをする心配もないマットを使って基礎感覚を培いましょう。

特に、腕で体重を支えて歩く運動や逆さまになる姿勢の運動、体に力を入れて体幹を締める運動、回転する運動を重点的に行います。

**アドバイス** じゃんけんを使ったり競争させたりして、ゲーム化しながら楽しく運動させましょう。

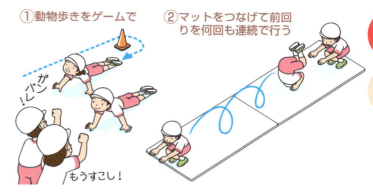

①動物歩きをゲームで
②マットをつなげて前回りを何回も連続で行う

## プラン2 先生がいるから安心！作戦
### 絶対に落とさないお手伝いで、安心して回る

マット運動で基礎感覚を培っても鉄棒から落ちる恐怖心や痛みへの恐怖心はなくなりません。教師が正しい補助をすることで安心させ、鉄棒の上で基礎感覚を培う練習をしましょう。

① 最初に「先生がお手伝いしてあげるから頑張ろうね。絶対に、絶対に落とさないからね」といったことを力強く言って、信頼してもらう。

**アドバイス** 安心させるためにマットを敷いておきます。

② 前回りをする子のツバメ姿勢の頭側の横に立ち、鉄棒側の腕を奥の肩へ伸ばす。この腕で子どもの上半身を支えることができるので、前回りのスピードもコントロールすることができる。

**アドバイス** 怖がる子にはゆっくり回します。

③ 反対の（鉄棒から遠いほうの）腕を子どもの頭の上から背中・腰へ伸ばして支える準備をする。ゆっくりと頭を下ろしてきたら背中を触って安心させる。

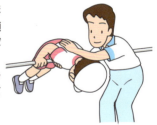

**アドバイス** パニックを起こしてしまう子は、頭が鉄棒あたりにくると体が反り返り、鉄棒から跳ね上がろうとするときがあります。それを鉄棒から遠いほうの腕で支えれば、もし跳ね上がっても抱えるような感じになって落とすことはありません。

④ 最初はしっかりと支え、ゆっくり回し少しずつ支える力を弱めていく。何回か繰り返すと、教師は触れているだけでほとんど1人で回っている状態になる。そこまでできたら離れ、1人で挑戦させる。

## プラン3 みんなでゲームを楽しもう！作戦
### 前回り下りゲームで、たくさん経験する

回数を競ったりリレーをしたりして、楽しみながらたくさんの経験を積めるようにします。

① 連続前回り下りに挑戦
「3回連続で回れるか？」「5回連続で回れるか？」「10回連続で回れるか？」スモールステップで挑戦させる。

② 前回り下りリレー
①のあと、連続前回り下りができた回数で小グループでのリレーを行う。

**アドバイス** 勝ったグループは次は回数を増やすなどのハンディをつけ、繰り返し行っても楽しめるように工夫します。

# 痛くて回ることが楽しめない子

　かかえ込み（ダルマ）姿勢をすると、鉄棒がおなかに食い込むのを痛がってすぐ下りてしまう子がいます。
　かかえ込み回りは、子どもたちが何十回と連続回転を楽しむことのできる運動であり、技のバリエーションも豊富なため工夫のできる奥の深い技です。鉄棒運動でこれほど多くの回転やバリエーションを楽しめるものはほかにありません。ぜひ授業で取り扱って、子どもたちが鉄棒運動に熱中する姿を実現してください。

 **苦手・つまずきの背景**

　おなかに痛みを感じるということは、正しい位置で体を支えていないということが考えられます。まず、ツバメ姿勢や前回り下り、ふとん干し姿勢、かかえ込み（ダルマ）姿勢のときに痛くない位置（へその下あたり）で支えることができるようにチェックします。
　それでも痛がる子には、補助具を活用します。
　また、かかえ込み回りはできるようになるためのポイントが明確です。スモールステップで学ぶことで、ほとんどの子ができるようになります。

**かかえ込み回りのポイント**
　ダルマ姿勢をつくり、そのまま足の曲げ伸ばしで大きく揺れます。揺れが大きくなったらその勢いで回ります。

**ダルマ姿勢のポイント**
①肘（前腕）を鉄棒に着けて離さない。
②脇を締めたままにする。
③手や足は組まない。
④手でももの裏をしっかりつかむ。
⑤タイミングよく膝の曲げ伸ばしをして、大きく揺れる。

- 鉄棒補助具を使って、痛みを緩和する。
- スモールステップで取り組む。

 **ワンポイント 鉄棒補助具**

痛みの軽減に加え、回転しやすくなる補助具もある。（写真は、内田洋行の鉄棒回転補助具）

### プラン1 補助具活用！作戦
## 補助具を使って痛くないようにする

鉄棒運動は回転することを楽しむ運動なので、痛みを我慢することに価値はありません。鉄棒に補助具を付けて痛さを軽減してあげましょう。回転しやすくなる補助具を活用すると、より楽しむことができます。

### プラン2 スモールステップ作戦
## スモールステップで取り組む

### ①ふとん干しじゃんけん
ふとん干し姿勢でじゃんけんゲームを行う。同数の小グループで1人1回ずつ行って、勝った人数の多いチームの勝ちとする。

**アドバイス** ▶ 痛くない位置（下腹部）でふとん干し姿勢ができるように観察し、修正してあげましょう。

### ②ダルマ姿勢でのブランコ
ダルマ姿勢で足の曲げ伸ばしをして、ブランコのように揺れる。ポイントは「かかえ込み回り」と同じ。揺れることで脇が開いてしまったり鉄棒から肘（前腕）が離れてしまったりしがちなので注意。

**アドバイス** ▶ 揺れが怖い子には、小さくてもその子なりの揺れを頑張らせます。周りの子がお手伝いしようと触るとかえって怖がることがあるので、子どもの反応を見ながらお手伝いをさせるのか、声だけで応援させるのか判断します。

### ③お手伝いかかえ込み回り
ダルマ姿勢でのブランコの揺れを大きくしていくと、そのまま回転へとつながるので、揺れのタイミングに合わせて背中を持ち上げ、お手伝いで回してあげる。

**アドバイス** ▶ 回ったときに肘（前腕）が離れたり脇が開いてしまったりしないように気をつけさせましょう。

お手伝いは、鉄棒の下から手を伸ばして背中を押す。そして「1、2の、3！」で背中を持ち上げて回してあげる。そのとき「伸ばしてー！ 曲げてー！」と足に合わせて口伴奏でリズムをとってあげるとよい。

お手伝いで連続5回落ちずに回れたら、1回目だけお手伝いで、5回回ることに挑戦する。最初の1回が回れたら勢いがつくので、姿勢を崩さずに足の曲げ伸ばしができる子は、連続回転ができるようになる。

### ④1人でかかえ込み回り
最初の1回目の勢いをつけるには、曲げ伸ばしのタイミングが重要。揺れの頂点の少し前に曲げ始めたり伸ばし始めたりする必要がある。

1回目さえ1人でできれば、曲げ伸ばしを続ける限り何十回でも回り続けることができる。

**アドバイス** ▶ 1回目で勢いをつけるには、ツバメ姿勢から前回りをしてその勢いを利用する方法もあります。

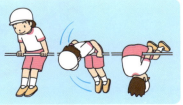

2章 器械運動　跳び箱運動（開脚跳び①）

# 怖くて、どうしても跳び越せない子

日本では「跳び箱を使った運動＝開脚跳び」といっても過言ではありません。「跳び箱くらいは跳べるようになってほしい」という保護者のニーズも高く、子どもにとっても「跳べるようになりたい」という思いが強い運動です。

しかし、跳び箱の前に立つと怖くなってしまい、踏み切ることができない子がいます。跳びたい気持ちは強いので、思いきって走ってみるものの、跳び箱の直前でどうしても止まってしまいます。また、何とか恐怖心に打ち勝ち踏み切れても、手を着いたところでやはり怖くて止まってしまうこともあります。

 **苦手・つまずきの背景**

どんなに跳びたい思いが強くても、体がその動きや感覚を知らなければ跳べるようにはなりません。開脚跳びのためには、**さまざまな基礎的な動きの経験や基礎感覚を身につけている必要**があります。跳び箱を使わずに、それらの動きを楽しく遊びながら潤沢に経験させておくことが大切です。

また、類似の運動（運動アナロゴン）を経験させておくことも大切です。開脚跳びの場合、馬跳びがそれに当たりますが、いくつかのバリエーションを経験させておくことで、跳び箱を前にしたときに「できるような気がする」ようになります。

さらに、個別の配慮によって「できた」という思いを持たせることもできます。教師の補助によって開脚跳びという運動の一連の動きを丸ごと経験させます。繰り返し経験させることで1人でもできるようになります。　**P19参照**

 これで解決
- 開脚跳びにつながる基礎感覚づくりを行う。
- 馬跳びのバリエーションを経験させておく。
- 教師の補助で繰り返し「できた！」を経験させる。

### プラン1　ケン・グー&ピョンピョン作戦
## 開脚跳びにつながる基礎感覚をつくる

折り返しリレーなどの方法で、次のような基礎感覚づくりの運動を楽しく経験させましょう。

①連続ケン・グー
踏み切りの動き。「ケン」を同じ足で行う場合は比較的簡単だが、左右交互に行うと難易度が上がる。

**アドバイス** ▶「グー」の両足着地がずれないように気をつけさせます。

②ウサギ跳び
体の投げ出し、腕支持、切り返しの感覚を養う。

**アドバイス** ▶ 手を着いてから足を着くという順序で、できるだけ遠くに手を着くようにします。

### プラン2　レベルアップ馬跳び作戦
## 馬跳びのバリエーションをたくさん経験する

少しずつ難易度を上げていき、楽しみながらたくさん経験させてあげましょう。

①馬跳びレベル1〜4
レベル1は、手を使わずに跳び越せてしまう子もいるが、馬跳びをやったことのない子には、友だちの上を跳び越える経験だけでも意味がある。

レベル2〜4は、腕でしっかり支持して後ろへ押し出す必要がある。それぞれの子のレベルに合わせて挑戦させる。

**安全アドバイス** ▶ 馬は、「足を広げて安定させる」「頭を引っ込めて蹴られないようにする」こと。しっかり覚えさせましょう。

②馬跳び30秒
30秒間で馬跳びが何回できるかを数え、自己最高記録をめざす。跳んですぐ振り返ることを意識させると、回数は伸びる。また、馬が安定しているとたくさん跳ぶことができるので、馬の役割を認めることも大切。

③馬跳びマット跳び越し
マット上の馬を、マットに足が触れないようにして跳び越す。馬の位置（真ん中、手前、奥）を変えることで、3種類のマット跳び越しができる。

④どこまで馬跳び
マットの縫い目を利用して何本目まで跳べるかに挑戦する。マットの横に馬をつくり、助走しないで跳ぶ。腕で馬をしっかり押すことで遠くへ跳ぶことを意識する。

**安全アドバイス** ▶ 助走をすると馬が倒れてけがをしやすいので、助走はさせないようにします。

⑤2人馬跳び
2人で馬を並んで作り、跳び越える。並んだ馬の間をできるだけ近づける。跳ぶ子は、奥の馬に手を着いて跳び越える。怖くて跳べない子がいる場合は、手前の馬の子がしゃがんで小さくなること。

**アドバイス** ▶ 跳び箱と2人馬を比べると、高さも奥行きも同じ程度なので、2人馬が跳べたら跳び箱も跳べることが理解できるはずです。

### プラン3　自信つけ作戦
## 教師の補助で繰り返し跳ぶ

教師は、跳び箱の横に立って一方の手で腕をつかみ、もう一方の手でももの裏を支え、跳び越せるように送り出します。
少しずつ支える力を抜いていき、1人で跳べるように自信をつけさせましょう。最終的には、補助をするふりをして触らずに1人で跳ばせてあげるといいでしょう。

# リズムが合わず、力強く踏み切れない子

開脚跳びで、リズムよく助走して踏み切れない子や力強い両足踏み切りができない子がいます。

跳び箱を跳び越えながら体を操作する難しさや、「着地がうまくできないかも」という不安から、心でブレーキをかけてしまうからです。

また、踏み切り板は、本来ジャンプ力を補助するためのものですが、うまく使えないとかえってブレーキになることもあります。

##  苦手・つまずきの背景

開脚跳びでは、リズムよく助走してジャンプする「踏み切り」、体を支えて跳び箱を跳び越えるための「着手」、体を起こして安全に下りる「着地」と、異なる動きが連続しています。苦手な子は、どの場面でどのような動きをしたらよいかわからず混乱しています。自分が身につけるべき動きを明確にするために、各パートに分けるとよいでしょう。

また、空中に跳び出すため、「頭から落ちたらどうしよう」など、不安や怖さを抱えている子もいます。用具を工夫して不安を取り除き、「跳べた！」という成功体験を積み重ねていくことが大切です。

- 開脚跳びを「踏み切り」「着手」「着地」とパートに分け、スモールステップで各パートの動きを身につける。
- 用具を工夫して、跳び箱を「越える」動きの感覚をつかませ、成功体験を増やす。
- 安心して運動に取り組めるよう、跳び箱やマットを工夫する。

### プラン1　オノマトペを生かして助走イメージ作戦
## オノマトペと目印で、リズムよく踏み切る感覚をつかむ

跳び箱を跳び越えるために、踏み切りは重要です。助走をリズムよくするために、**足運びに焦点を絞って練習**します。

助走が長くなると、踏み切り板の手前でステップの調整が必要になり、かえってうまくいきません。

① 助走は短く、「トン（右）、トン（左）、パン（両足）」などのオノマトペを利用してリズムをつかむ。

② 助走の目安になるように目印を置き、ステップの位置を確認しながら、リズムよくステップが踏めるように練習する。

**アドバイス** ▶ 太鼓を使ったり、近くで声を出してあげたりするとリズムを取りやすくなります。

### プラン2　踏み切り板の秘密を探ろう！作戦
## 踏み切り板を使って、体を持ち上げる感覚をつかむ

踏み切り板の力を利用して体を浮かせる感覚を練習します。苦手な子にとって、踏み切り板はとても大きく感じ、どこを目標にして踏み切ったらよいかわからないことも多く、**目印（視覚化）は効果的**です。

① 踏み切り板の反発力をいちばん生かせる場所はどこか、実際にジャンプして確かめ、目印をつける。

② 3段くらいの低い跳び箱を用意する。

③ リズムよく助走をし、踏み切り板の目印のところで力強く両足で踏み切って、手を着かずに跳び箱の上に両足で乗る。

**アドバイス** ▶ 両足踏み切りで跳び箱の上に跳び乗るのは勇気がいるので、補助者は、助走のリズムを声かけしながら、跳び乗るとき片手を取って補助するとよいでしょう。

### プラン3　「できる！」の積み重ね作戦
## 用具を工夫してイメージと感覚をつくる

助走と踏み切りの感覚をつかんだあとは、肩で体を支持して、跳び箱を跳び越す動きを身につけます。

① 怖さの軽減や体の動きを身につけるため、縦の長さが短い跳び箱（低学年用や正方形の跳び箱）で練習する。

② 着手する場所に印をつける。腰が着手した手を追い越していくようなイメージを持たせながら、跳び越しの練習をする。

③ 安定した着地をするために、手で跳び箱を押すようなイメージを持たせる。

**アドバイス** ▶ 上手な子が跳んでいる姿をビデオで撮影し、手と腰の位置を見せると、イメージがつかみやすくなります。

**アドバイス** ▶ 跳び越すときには、腰が着手した手を追い越すことが大切ですが、手が体の後ろになって、顔や頭が無防備になることに不安を感じる子もいます。着地場所に厚手のマットを準備するなど、心理的な不安感を取り除き、安心して取り組める工夫も大切です。

# すぐに頭を着けてしまい、うまく回れない子

　台上前転は、跳び箱の上の細長く狭いスペースで前転をするため、跳び箱から落ちるのを怖がる子がいます。また、着地場所を目で見て確認することができないため、着地に不安を感じる子もいます。
　そのため、踏み切りのあとすぐに頭頂部を跳び箱に着けて体を安定させようとしてしまいがちです。しかし、これは安全面でも危険ですし、スムーズな台上前転にもつながりません。

### 苦手・つまずきの背景

　怖さから踏み切り後すぐに頭頂部を跳び箱に着けてしまうため、腕が伸びず、腰が肩の位置よりも高く上がりません。そのため、回転の中心が低くなり窮屈な回転になります。また、頭頂部を着くことでつっかえ棒のようになり、首などを痛めてしまう危険性もあります。

　スムーズな回転につなげるためには、**強く踏み切り、腕（肩）で体を支えながら、腰を肩の位置より上まで持ち上げる**ことがポイントです。
　また、恐怖心を軽減させながら学習を進めるために、**跳び箱の設置のしかたなどを工夫する**ことも大切です。

### これで解決

- マットの上で、腰の位置を高く上げ、まっすぐに前転する感覚をつかむ。
- 低い跳び箱での練習から始め、スモールステップで、腕支持の感覚をつかむ。
- 補助者を付けて、力強く踏み切り、腰を肩より高い位置に持ち上げる感覚をつかむ。

## プラン1 マットの上で安心作戦
### 両腕で体を支え、まっすぐ前転する感覚を身につける

台上前転では、跳び箱の上をまっすぐ前転することが大切です。左右の腕の力のどちらかのバランスが悪いと、弱いほうに傾いてしまい、跳び箱から落ちてしまいます。そのため、まずはマットの上でしっかりと腕を伸ばして両腕で体を支える感覚を身につけます。 **P44参照**

① 腕支持の感覚をつかむために、カエルの足打ちなどで腕や肩に体重が乗っている感覚を確かめる。

② ①の感覚を意識しながら、へそを見るようにして、後頭部をマットに着けて前転する。

③ マットの縦の縫い目（または目印となる線を引く）を跳び箱に見立てて、縫い目からはみ出さないように前転する。肘を伸ばし気味にして両手を着き、腰を高い位置で構えてから回転する。

**アドバイス** ▶ 足の位置を少し高くすると、腰が高い位置にあることに感覚的に慣れることができます。 **P45参照**

## プラン2 低い跳び箱からスモールステップ作戦
### 両手を伸ばして、跳び箱の上で前転することに慣れる

次に跳び箱を使って台上前転にチャレンジします。ただし、まだ不安のある子も多いので、安全面に配慮しながら、低い段から徐々にスモールステップで取り組みます。また、落ちても大丈夫なように、マットを跳び箱の両側に置くなどの工夫もします。

① 跳び箱の1段からスタート。着手の位置を確認したら、プラン1のポイントを意識しながら、台上前転。

② 3段くらいの高さから踏み切り板を使う。踏み切り板の力を利用して、腰を肩の位置より高い所に持ち上げる感覚をつかむ。

**アドバイス** ▶ 1段の高さでも、手の高さより足の位置が低くなり、うまく体重が乗せられない子もいます。その場合は、もう1つ跳び箱を用意してつなぎ、同じ高さから始めて、徐々に高さを変え、慣れさせるとよいでしょう。

## プラン3 その場で踏み切り作戦
### しっかりと強く踏み切って、腰を高く上げる感覚をつかむ

跳び箱の高さが上がるにつれて、怖さが増し、すぐに頭を着けて体を安定させようとする子がいます。この場合、**強く踏み切らせ、腰を高い位置に持ち上げてから前転の動作に入る**ようにさせます。

ここまで！

① 手を着いたまま、強い踏み切りで腰を肩の位置より高く持ち上げる練習をし、体が持ち上がる感覚を確かめる。

② 腕や肩で自分の体重を感じることを意識させ、腰が十分に上がってから、自分のへそを見ながら後頭部を着けて回転を始める。

**アドバイス** ▶ 補助者を付け、腰を持ち上げる高さの目安を示してあげると、感覚がつかみやすくなります。

2章 器械運動　跳び箱運動（シンクロ跳び箱）

# 達成感が少なく、意欲が上がらない子

　器械運動は、子どもたちにとって好き嫌いが分かれやすい運動です。それは、新しい技に挑戦したり、技の出来ばえを高めたりしていくなど、個人の達成型の運動として、「できる」「できない」がはっきりと表れやすいからです。
　また、自分1人ではなかなか改善することができないため、「できた」喜びを味わえないままのこともあります。特に高学年になると、それぞれのできる技の難易度に差が出てくるため、運動に対する意欲にばらつきがみられます。

## 苦手・つまずきの背景

　跳び箱運動は、跳び方の種類と高さの組み合わせにより、活動の場が広がります。しかし、技の種類が多くなればなるほど仲間と共有する場面が少なくなり、苦手な子は同じような技ばかり練習してしまいます。また、上達する方法がわからず、達成感を味わう機会が少ないと、意欲も上がりにくくなります。
　そこで、「シンクロ（同調）」という視点を取り入れた集団演技を行います。自分のできる技を持ち寄って仲間との一体感を味わうことで、意欲的に取り組めるようになることをめざします。

 これで解決

- 集団演技「シンクロ跳び箱」を行い、仲間との一体感を楽しませる。
- 学び合いを高めるために、技のコツ（視点）を共有して、アドバイスし合える状況をつくる。
- 演技の構成や音楽の選択など、技以外でも仲間とかかわる場面をつくる。

## プラン1 目標イメージ共有作戦
### 最終目標＝「シンクロして跳ぶ姿」をイメージする！

いちばん大事なのは、単元の見通しを持たせることです。この単元の最後にはどのような形になるのかという見通しが持てないと、技の習得やグループ活動の意欲につながりません。

① シンクロしている演技を見せ、イメージを持たせる。

② 単元の前半は「技の習得」、後半は「集団演技」の練習と単元計画を示して、学習の見通しを提示する。

③ チームで集団演技をすることや、メンバーがどんな技ができるのかを確認する。

④ 集団演技に必要な技を互いが確認し、「何が足りないのか」「どんなことをすればいいのか」という見通しをもって練習に取り組む。

**アドバイス** ▶ 上手な子を見本として2人同時に開脚跳びをさせるだけでも、シンクロのイメージを持たせることができます。

## プラン2 仲間と一緒にチャレンジ作戦
### チームの仲間と技のコツをアドバイスし合う

各チームでアドバイスし合って、技の練習をしたり、一緒に新しい技にチャレンジしていきます。「踏み切り」「着手」「腕支持」「着地」などの場面に分けて、各技に共通するコツ（視点）を共有できるようにします。

着地は、バランスを崩してもきちんと止まり、指先までしっかりと伸ばして必ずフィニッシュポーズ（Yの字）をします。各技のフィニッシュが決まってこそきれいな技になるということを、意識させます。

**アドバイス** ▶ 「コツをまとめたイラスト」「ビデオの活用」など、資料を視覚化すると、イメージを共有しやすく、誰でもアドバイスしやすい状況が生まれます。

## プラン3 みんなでシンクロ「やったね！」作戦
### チームの一員として参加している満足感を味わう

チームの特徴を生かして演技構成を考えたり、曲を決めたりする活動を通して、チームへの所属感が生まれます。また、試行錯誤しながら、演技でシンクロできたときには、言葉では言い表せない一体感を味わえます。仲間と喜びを分かち合えた経験は、運動を楽しむための大きな力となります。

① 基本的な場の設定を決め、演技は1人3回跳ぶことを確認する。

② 演技にメリハリをつけるために、最初と最後にグループでポーズを入れる。

③ 基本的な演技ができたら、最後に曲をつけて完成。曲は120/分くらいのアップテンポの曲（運動会のマーチくらい）を準備し、各チームで選ぶ。曲に合わせて演技するのではなく、BGMのような感覚で使用。ビートの効いた曲は、タイミングを取る手助けにもなる。

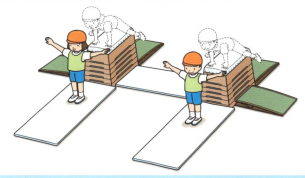

**アドバイス** ▶ 声かけやアイコンタクトなどで、各技のスタートをそろえたり、着地のあとのポーズを合わせたりすると、シンクロ度が上がって見えます。

# 運動とラテラリティ

　運動をする際に、左右の弁別や、左右の体の動きを意識することは大変重要です。その目安として重要なのは、「利き手」を意識することです。この場合「利き手」とは、巧緻的で複雑な操作をするほうの手のことをいいます。
　しかし、うまく手を使うには、「非利き手」の役割も大切です。例えば食事中に「利き手」で箸を使うとき、「非利き手」は茶碗の固定や角度、位置を調整する役割を担っています。うまく物を操作できるのは、「利き手」と「非利き手」が役割分担をしながら、互いに協調して働いているからなのです。利き手は優れていて、非利き手は優れていないわけではなく、あくまでも機能による違いなのです。
　「ラテラリティ」とは、一般的には、生物個体の左右対称的な器官の一方が、他方よりも優れている現象で、特に左右の大脳半球の機能的非対称性を表すものといわれています。人の大脳は左右2つに分かれており、左半身の運動は右大脳半球で、右半身の運動は左大脳半球でコントロールされます。「利き手」と「非利き手」が役割分担できるのは、左右の大脳半球が連絡を取り合っているからなのです。また、運動機能の役割分担の表れとして、利き手だけでなく、利き足もあります。
　右と左が協調した運動ができることは、左右の大脳半球が円滑に連絡を取り合えている証拠です。体の左右の両側協調を促進させることは、左右の大脳半球の連絡を促し、脳の役割分担を発達させる効果があります。
　子どもの発達をみてみると、2〜3歳未満では、体の右側での操作は右手、左側での操作は左手、というように左右の手を同じように使っています。2〜3歳頃になると、操作に使用する手が決まってきます。
　小学校入学前には利き手が確立し、両手を協調して使えるようになります。さらには、体の中心線を越えて、手を操作することもできるようになります。このような操作が可能となると、体をねじってボールを投げることができるのです。
　もし、両側統合の発達に課題があると、学校場面では次のような様子がみられます。

●自分の、あるいは相手の左右がわからなくなる
●対人間、あるいは物との距離や位置関係の把握が難しい
●なわ跳びなどで左右の手足がばらばらになる
●運動会などでの表現活動の段取りが覚えられない

　これらの状態を改善するための指導としては、まず、両側とも同じ動作を体の正中線(中心線)に近いところで行う活動を多く経験させ、体の真ん中が意識できるようにさせることが大切です。
　例えば、両手を使い体の真ん中で物を持ったり、段差のあるところから両足をそろえて着地をしたりさせます。
　正中線を意識する活動の次には、正中線を越えた動きを取り入れていきましょう。右手で持った物を左側の箱に入れるなど、体のひねりが加わるような運動を取り入れていきます。
　それができてきたら、方向を意識する活動も取り入れていきます。決められた線の上を進む、斜めにケンケンする、指示された方向にボールを投げるなど、自分をベースにしてさまざまな方向を意識して動く活動を経験させていくことで、両側の統合が促進されます。
　ラテラリティと両側統合が進み、大脳半球による役割分担と協力がなされてくると、課題に応じて脳が柔軟に協力するようになります。脳全体が感覚情報を処理する基盤を持ち、適切に感覚処理がなされることで、子どもたちは情緒的に安定し、一定時間注意力や集中力を保って活動に取り組むことができるのです。

(阿部利彦)

# 3章
# 陸上運動

# コースをまっすぐ走れない子

　鬼ごっこでは目につきませんが、かけっこではまっすぐ走れない子どもがいます。子どもたちにとって、ゴールテープなどの目標を定めないでコースやラインが引いてある中をまっすぐ走ることは、意外に難しいのです。先生から「まっすぐ前を向いて走りなさい」と言われても、「まっすぐ前のどこを見て走ればいいの？」と困ってしまいます。

###  苦手・つまずきの背景

　左右を見ずに前方の1点を見て走ることの大切さを、子どもたちは教わる機会が少ないようです。
　よく見られる例として、自分の横で走っている子が気になってつい横を見てしまい、その方向に曲がっていってしまうことがあります。けれどもこれは、目標をしっかり見ればその方向に走ることができる、ということでもあります。
　どのように集中して前方の目標物に向かうかを体験することで、自然にまっすぐ走ることができるようになります。

 これで解決

- 「まっすぐ前を見ないと曲がる」ということを体験させる。
- 目標物をつくり、まっすぐ走ることに集中させる。
- 視線の運び方を身につける。

## プラン1 あっち向いてホイ作戦
### まっすぐ前を見て走ることの大切さを知る

「人はまっすぐ前を見ずに走ると、曲がってしまう」ということを体験するゲームです。ここでは**速く走るのではなく、あえて横を向いてもまっすぐ走ろうとする**ことに力を注がせます。

① スタートラインに3～5人1組で横に並ぶ（コース幅1mでラインを引く）。

② ゴールの奥に先生が待機する。

③ 先生の合図で子どもたちはジョギングを始める。

④ 先生は「あっち向いてホイ」と言いながら、左右のどちらかを指で示す。

⑤ 子どもたちはジョギングしながら先生が指で示したほうと反対側を向く。

⑥ 「あっち向いてホイ」を5回連続で行う（同じ方向に2回向かせると曲がりやすい）。

⑦ 左右で何度か行ったあと、「あっち向いてホイ」を上下だけで行う（まっすぐ走ることができる）。

**アドバイス** ▶ 曲がらないでまっすぐ走るには、横を向いてもすぐに前に向き直すことが大切です。また、速く前に進もうとするとよけいに曲がりやすいので、このゲームでは、速さよりまっすぐ走ることに集中させます。

**応用** 慣れてきたらチーム戦を行います。1回戦ごとにチームから1人ずつ代表者が出て、競走します。
先生の「あっち向いてホイ」を間違えずにゴールできたらポイントが獲得でき、多くポイントを取れたチームの勝ちとします。
足の速さがあまり影響しないように、走る距離は短くして、「あっち向いてホイ」のリズムを速くするとよいでしょう。

## プラン2 ドレミでスピードアップ作戦
### だんだん視線を上げていく走り方を身につける

まっすぐ前を見ることができても、初めから顔を上げて正面を見て走ると上体が起き、速く走れません。「まっすぐ」に加えて、「速く」走る練習をしましょう。

視線を下から徐々に前方に向けさせ、曲がらないように、かつ速く走る体験ゲームです。

① スタートから各距離に「ド（2m）・レ（5m）・ミ（10m）・ファ（15m）・ソ（20m）・ラ（30m）・シ（40m）・ド（ゴール正面奥）」を地面に書く（字を書いた紙を地面に置いてもよい）。

② スタートラインから走り、文字が見えたら声を出してその文字を読む。

③ 文字をなくし、文字が残っているつもりで心の中で「ド・レ・ミ・ファ・ソ・ラ・シ・ド」を言いながら走る。

**アドバイス** ▶ 初めは「ミ」まで顔を上げないようにします。それができたあとで「ファ」まで顔を上げないようにすると、前傾して走ることも身につけることができます。

**応用** 練習に慣れてきたら、距離を伸ばし、「ド・レ・ミ・ファ・ソ・ラ・シ・ド」の代わりに数字を地面に書きます。走りながら数字を足して、ゴールで合計した数字を先生に伝えます。

# 手足の動きがぎこちない子

走ることは簡単そうですが、誰もがリズムよく走れるとは限りません。自分ではバランスよく走っているつもりでも手足の動きがバラバラで、ぎこちない動きの子もいます。こういった子どもは、周りから冷やかされたり、からかわれたりすることによって自分の走りに自信が持てなくなり、なかには走ることが嫌いになる子どももいます。

### 苦手・つまずきの背景

　子どもたちはリズムよく、手足をタイミングよく動かす走りをどこで身につけているのでしょう？　実は、その方法を教わる機会がほとんどないのではないでしょうか。
　リズムよく走るのが難しいのは、**一定のリズムで手足を動かす経験や、周りの子どもの動きをまねする機会が少ない**ことが要因として挙げられます。
　また、**ぎこちなさを恥ずかしいと思ってしまう**ことも、滑らかな走りをするのに足を引っ張っています。
　自分でリズムよく走ることは、意外に難しいことです。ここでは、音楽や人に合わせて、さまざまな走りを経験する方法を紹介します。

これで解決

- 音を聞きながら、テンポに合わせて走る。
- 周りの人の走りをまねする。
- ぎこちない自分の走りを主役にする。

## プラン1 テンポランニング作戦
## 音に合わせて走る

音のテンポに、自分の動きを強制的に合わせるようにして走ります。音が鳴ったときに片足を地面に着けるようにします。そのことだけに集中することで、タイミングが取れるようになります。足だけ、腕だけと分けて行い、そのあとで足と腕の動きを合わせて行います。

① コーン（パイロン）などを置いて、適度な広さをつくる（20人なら15m×15m位の広さ）。

② 一定のテンポの音（メトロノームやアプリのテンポなど）を流し、その中で自由な方向に歩く。

③ 音が鳴ったときに足を地面に着けるようにする。

④ 初めはゆっくりとしたテンポ音に合わせて大股で歩き、徐々にテンポを上げてジョギングに移る。最後は、とても速いテンポで足を速く動かすようにする。

⑤ 同じような流れで、今度は腕振りを強調して行う。音が鳴ったら腕を前後に振る。スピードアップとともに腕振りをコンパクトに使うこと。

**アドバイス** ▶ 手と足のタイミングを合わせるのではなく、音に手や足を合わせると、結果的に手足のタイミングが合ってきます。

**応用** テンポに慣れてきたら、子どもたちになじみのある音楽を流し、その音のテンポに合わせて走ります。曲の途中でテンポの違う曲に変わるようにして、その曲の速さに合わせて足や腕を動かします。

## プラン2 同調ランニング作戦
## 人の動きをまねして走る

周りの人の動きに合わせることで、手足のタイミングを身につけます。また、ぎこちない動きでも、相手にまねさせないことを目的にすると1つの特技となります。

① 直線50mのスタート地点に、2人1組で前後に並ぶ。

② 後ろの人が前の人と同じ歩幅、同じリズムで走る。

③ 慣れてきたら、前の人は後ろの人が合わせにくいようにわざとぎこちない走りをし、後ろの人は前の人のまねをする。

④ 次に、左右（進行方向に対して横）に並び、お互い同じリズムで走る。慣れてきたら、少しずつ速く走る。

⑤ 2人が同時に合わせることは難しいので、どちらか一方の走りに、隣の人が動きを合わせる。ぎこちない走りをする子や相手の動きに合わせるのが苦手な子は、相手に自分の動きを合わせるようにする。

**アドバイス** ▶ 相手の動きに合わせることだけに集中することで、相手をモデリングし、いつの間にか手足のタイミングを覚えていきます。

**応用** 円か四角形をつくり、前後で2人1組になり、同調ランニングをします。正面に相手チームが来たらじゃんけんをし、勝ったら自分の後ろに2人をつけます。すべてじゃんけんに勝ったら1列の先頭になります。

3章 陸上運動　リレー

# 足の速さで勝負が決まり、リレーを楽しめていない子

　リレーは、チームのメンバーが協力しながらほかのチームと勝ち負けを競う競技です。本来チーム力で勝負するリレーですが、負けたことの責任を足の遅い子どもやバトンパスがうまくできなかった子どもに押しつけることがあります。これでは、みんなで楽しくリレーをすることができません。
　リレーは、バトンパスや足の速さだけで勝負が決まるものではありません。メンバーがルールを理解し、考え、気づき、工夫することによって相手チームに勝てるような内容を展開していきます。

 **苦手・つまずきの背景**

　子どもの足の速さだけで勝負が決まるリレー競走を行うと、負けたチームの犯人探しが始まります。また、全員が同じ距離を走ることによって足の遅い子どもが目立ち、責められる場面をつくってしまうこともあります。子どもたちが考える、工夫する要素が少ない内容となっていることもリレーの楽しさを損なうことになります。足の速さ以外で勝敗にかかわる要素を勝負に盛り込むことが大切です。

これで解決

- 足の速さ以外で勝てるリレー競走にする。
- 走る距離を子どもたちが決められるようにする。
- 速く走ること以外に勝つための要素をいくつか入れる。

## プラン1 マーカー持ち帰りリレー作戦
### チームの「作戦」で相手チームと競う楽しいリレー

直線で折り返してリレーを行います。バトンパスという技術的な要素をなくし、距離の違うマーカーのどれを取るかをチーム内で決めることによって、足の速い遅いではなく、チームの作戦で相手チームと勝敗を争うリレーとします。

① チームの平均スピードが均等になるようにメンバーを決める（1チーム5〜8人程度）。

② チーム内の人数と同じ数のマーカーを直線上に置く（例えば、5人の場合、20m、22m、24m、26m、28mの所に置く。高学年では、30m〜50mの間に5つ置くなど、発達段階に応じて変える）。

③ チーム内で走順と、どのマーカーを取るかを決める。

**安全アドバイス** ▶ マーカーは右手で持ち、タッチは左手で行い、チーム内の衝突を防ぎます。お互いレーンの右側を走ることで、ぶつからずにタッチできます。

④ スタートの合図で、第1走者から決めたマーカーを取り、そこで折り返してスタート地点に戻る。

⑤ アンカーがスタート地点に戻り、体育座りなどの体勢がきれいになっているチームがゴールとなる。チームの人数が違う場合、少ないチームは2回走る人が第1走者とアンカー（最終走者）を務める。

 マーカーの代わりにコーン（パイロン）を使います。チーム内の人数より多くコーンを置き、その中に人数と同じ数のボールを入れます。隠れたボールを探しながらボール持ち帰りリレーを行います。当たり外れという「運」がリレーの勝敗に加わります。

## プラン2 全員直線リレー作戦
### 全員の協力とアイデアが必要なリレー

直線でリレーを行います。スタートからゴールまでの好きなところにメンバーが立ち、第1走者が持っているバトンをアンカーまでつなぎながら走ります。第1走者がいちばん早くゴールに着いたチームの勝ちとなります。

バトンパスの要素も必要ですが、ゴールまでの走順や走るペースなど、チームの作戦によって勝敗が分かれます。全力で走るようなペースではバトンを渡せないので、チーム内の1人が遅くて負けることはありません。全員が協力してアイデアを出し、実行できたチームが勝利します。

① チームの平均スピードが均等になるようにメンバーを決める（直線100mなら1チーム6〜8人程度）。

② 第1走者がいちばん長い距離を走り、アンカーがいちばん短い距離を走ること、前の走者を追い抜いてはいけないことを伝え、チーム内で走順を決める。

③ 第1走者からアンカーまでスタートの位置を決める。（例えば100mの場合、第1走者は100mのスタート、アンカーは50m付近に、それ以外の走者はその間の好きな所に立つ）。

④ スタートの合図で全員が走り出し、バトンパスを行いながら全員でゴールをめざす。アンカーにバトンが渡っていて、第1走者がいちばん早くゴールに着いたチームの勝ち。

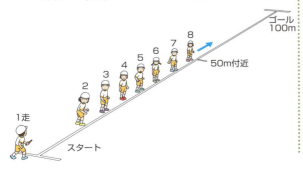

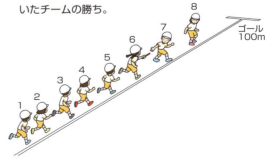

**アドバイス** ▶ 走るのが苦手な子どもは、ゴールに近い走順を走ります。アンカーは、できるだけゴールに近い位置でスピードを落とさずにバトンをもらいましょう。バトンは右手でもらい、左手で渡すことを決まりとします。

# リズムやタイミングの取り方が苦手な子

　ハードル走は、走りながら跳ぶという2つの異なる動きを1つの流れで行います。そのため、とても難しい運動の1つです。しかし、スピードを落とさずにハードルを越えたときの達成感や、ハードル間をリズミカルに走ることの楽しさも味わうことのできる種目です。
　ここでは、ハードルの踏み切りで遠くに跳ぶことと、ハードル間のリズムを積極的に取りながら走る方法を紹介します。

##  苦手・つまずきの背景

　ここでのつまずきは、「ハードルに当たると痛い」、「高いハードルを越えるのが怖い」という恐怖心から、**ハードルを越える前にスピードを落としてしまう**、または**必要以上に高く跳ぶ**ことによって前に跳ぶタイミングがうまく合わないことに焦点を当てます。
　踏み切りでスピードを落としたり、高く跳んでしまったら、着地のあと、前方向に進みにくくなり、ハードル間をリズムよく走ることができません。
　また、ハードルを越えることに集中するあまり、ハードル間をリズムよく走ることができなくなることもあります。

- ハードルに対する恐怖心を取り除く。
- 上ではなく、遠くに跳ぶようにする。
- ハードリング（ハードルの踏み切りから着地までの動作）に集中するのではなく、ハードル間をリズムよく走るようにする。

## プラン1 「とぉ〜くに・ジャン（プ）」作戦
### 「遠く」へ跳ぶことでバランスを保つ

まず、ハードルが高くなっても上に跳ぶのではなく、遠くに跳ぶことを心がけます。
「遠くに」という言葉を頭に刻みながら跳ぶので、ブレーキをかけないで前方向に踏み切ることができます。

① 低いハードルでハードル間が短いレーンから、徐々にハードルが高くハードル間も広いレーンを、5種類つくる。いちばん低いハードルのレーンは、クラス全員が、ハードル間を4歩（着地足を含む）で越えられる距離にハードルを設置する。1つのレーンには5台ハードルを置く。

② 各ハードルの手前50cmの所にマーカーを置き、それより手前で踏み切るようにする。

③ スタートから走り、踏み切るときに「とぉ〜」、着地1歩目で「く」、2歩目で「に」、3歩目で「ジャン」、踏み切りでまた「とぉ〜」と繰り返し、心で唱えながらハードルを跳ぶ。

**アドバイス**▶「とぉ〜」の「〜」で前に跳びながら間をつくることが、着地してからバランスを保つのに大切です。

**応用** 各レーンの5台目をゴールとして横一列に並べ、スタート地点を変えます（階段状になります）。ハードルが低くハードル間の距離が短いレーンは短い距離を走ることになり、ハードルが高くハードル間の距離が広いレーンはいちばん長い距離を走ることになります。
子ども自身が走りながら、自分の身長やスピードを考えて、いちばん速く走ることのできるレーンを見つけます。
クラス全員の走るレーンが決まったら、5つのレーンで競走します。スタートの位置はレーンごとに違いますが、ゴールは5台目の着地にします。

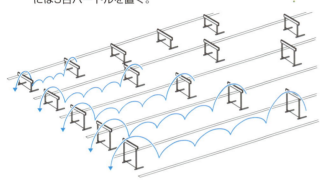

## プラン2 「いち・にい・さ・よ〜ん」ハードル作戦
### 声を出しながら走って、リズムを身につける

ハードル間をバランスよく走るためには、腕をリズミカルに振ることが大切です。ただリズミカルに腕を振るといっても難しいので、自分で声を出しながら走ります。高いハードルを置かないことで、腕振りと走りに集中することができます。

① 一定間隔に15cm程度の高さのハードルを5台並べる。ハードル間の距離が、3m、4m、5m、6m、7mの5レーンをつくる（発達段階に応じて変えてよい）。

② 1台目のハードルの着地を「いち」、2歩目を「にい」、3歩目を「さ」、4歩目の踏み切りを「よ〜ん」と声に出しながら腕を振って走る。

③ 初めは、全員3mのレーンをジョギング程度のスピードで、「いち、にい、さ、よ〜ん」のタイミングで声を出しながら走る。「さ」を短くすることによって、踏み切りの「よ〜ん」で遠くに跳ぶことができる。

④ 本数を重ねるごとに4mレーン、5mレーンとハードル間の長いレーンに挑戦していく。

**アドバイス**▶ハードル間が短くスピードが遅くても、しっかり声を出しながら走ることが大切です。
また、無理にハードル間が広いレーンを走るのではなく、気持ちよくリズミカルに走れるレーンを選びます。

 声を出しながら走ることに慣れてきたら、グループをつくり、ハードルを跳ぶ人と見ているメンバー全員で一緒に声を出しながら行います。グループのメンバーと走っている人のリズムが同じだったら、クラス全員で拍手しましょう。1人でリズミカルに跳ぶという楽しみから全員で声を合わせて協力して跳ぶという団結力を高めましょう。

# 両足で踏み切ったり、低く跳んでしまったりする子

　走り幅跳びで、リズムよく助走ができていても、踏み切り直前でブレーキをかけ、両足で踏み切ってしまう子がいます。また、踏み切った直後、上に跳んでいるつもりでも実際には低く跳んでしまっていて、走り抜けていくように見える子がいます。
　練習の場を工夫しながら助走や踏み切りの練習を重ね、少しずつ感覚をつかませることが必要です。

 **苦手・つまずきの背景**

　両足で踏み切ってしまう子は、**助走と踏み切りの動きが一連の動きとしてつながっていない**ことが考えられます。また、踏み切り後に走り抜けるように見える子は、**力強く踏み切る動きと上体を起こす動きがつかめていない**ことが考えられます。
　このことから「助走と踏み切りをつなげる」動きと、「力強く踏み切り、上体を起こす」動きに分けて練習し、それぞれの動きを身につけることがポイントです。

 これで解決

- 「助走と踏み切りをつなげる」動きを身につける。
- 「力強く踏み切り、上体を起こす」動きを身につける。
- 用具と場を工夫する。

## プラン1 ケンケン パーン 輪踏み跳び作戦
## 助走から踏み切りへと動きをつなぐ

片足でしっかりと踏み切る感覚をつかみます。まず、輪踏み跳びの練習をし、片足で踏み切ることに慣れます。次に助走を加え、少しずつ動きがつながるように練習していきます。

① 踏み切りの前に、ゴム製の輪を3つ置く。

② 軽く助走し、「ケン ケン パーン」などと言いながら、3つの輪を片足で踏んで跳んでいく。

③ 「輪踏み」の前に短い助走（5〜10m程度）を入れ、助走と踏み切りがリズムよくつながるように練習する。

**アドバイス** ▶ 最後の2歩は、階段を駆け上がるようなリズムを意識させ、体を少し沈めるようにさせます。このリズムは、力強く踏み切る動きにつながります。

## プラン2 ジャンプ＆タッチ作戦
## 力強く踏み切る動きを身につける

次に、図のような場を設定し、跳んだあとに鈴をタッチする練習をします。鈴を鳴らすために高く跳ぶ必要があり、力強く踏み切る動きの感覚がつかみやすくなります。同時に、手を高く伸ばすことによって、自然に上体が起きる感覚も体験することができます。

① 踏み切りに、踏み切り板（バネの無いもの）を置く。

② 助走して踏み切る。ジャンプ後、つるしてある鈴をタッチして鳴らす（鈴の高さは180cm程度）。

③ 慣れてきたら、両手で鈴を鳴らせるかチャレンジする。

**アドバイス** ▶ 踏み切りで、振り上げ足（踏み切る足と反対側の足）の膝を高く上げること、肩を引き上げることを意識させると、上体がより起きるようになります。

## プラン3 障害物跳び越え作戦
## 高くジャンプする動きを身につける

踏み切りの先に障害物を置き、それを跳び越える練習をします。

① 踏み切りに、踏み切り板（バネの無いもの）を置く。

② 踏み切りの先に障害物を置く。慣れてきたら障害物を高くしていく。

低空跳行になってしまう子は、踏み切りの際に視線が踏み切り板や障害物、砂場にいき、上体が前に倒れてしまいます。高く跳び上がるためには、砂場の先に視線が上がる具体物を決めて、目標にすることもポイントです。

障害物の例：いろいろな大きさのダンボール箱、新聞紙や布きれを詰めた大きなビニール袋

**アドバイス** ▶ 小学生は15〜20度くらいの角度で跳び出すのが適当で、障害物を置くときの高さの目安にします。
　障害物を跳び越えるとき、両膝を自分の胸にぶつけるように引き上げさせると、空中フォームの習得につながります。

# 記録が伸びず、意欲が上がらない子

　走り高跳びは、「運動が苦手な子も自分の高さに挑戦しているから」と、子どものつまずきを見落としてしまいがちです。

　走り高跳びの動きに慣れている子どもたちは、互いにポイントをアドバイスし合ったり、動きを改善したりして自分の記録を伸ばしていきます。しかし、苦手な子は「毎時間跳んでも、記録が伸びないしつまらないな…」「低い高さの友だちどうしでは上手にアドバイスし合えないし…」と、時間を重ねるごとに学習に対する意欲が下がっていってしまいます。

 **苦手・つまずきの背景**

　最近の子どもたちは、ゴム跳びなど、走り高跳びと似た動きをする遊びをほとんどしません。まずは、自分がどちらの足で踏み切るとよいのか、どのあたりから助走すればよいのかなど、基本的な部分を視覚的にわかりやすくして、身につけられるようにすることが必要です。

　また、竹製などの硬いバーを使うことを「怖い」と感じる子も多いため、用具の工夫も必要です。さらに、個人で記録に挑戦する活動だけでは、子どもたちどうしのかかわり合いが少なくなってしまいます。友だちにチェックしてもらうなど、子どもどうしのかかわり合いの場を積極的に設定しましょう。

**これで解決**

- ゴムを使うなど用具を工夫する。
- 易しい場を設定して、跳ぶことを楽しむ。
- 技能差のあるグループでも何度も練習できるシンプルな場をつくる。
- 跳ぶ方向や助走位置をまず身につける。

## プラン1 膝・もも・腹・胸作戦
### ゴムを使って、跳ぶことを楽しむ

　5m程度のゴムを2人の子どもが持ちます。まずは、膝の高さ、次はももの高さ…と「膝、もも、腹、胸」のどこまで跳べるかに挑戦します。

　ここでは、ゴムに触れても越えることができれば成功とします。単元の初めに、おおよそどこまで跳べるかを知り、跳ぶことを楽しむことをねらいます。

**安全アドバイス**　小学校段階では、片足で踏み切ったあと、必ず足の裏から着地するように指導します。はさみ跳びで十分です。安全に学習するための大切なポイントです。

## プラン2 友だちがスタンド作戦
### 友だちにチェックしてもらう

　棒を2本用意し、5cmごとに色の違うカラーテープをつけます。その棒に5m程度のゴムをつけることで、高さの調節が容易で足が当たっても痛くない効果的な用具と場をつくることができます。

　子どもたちに、振り上げ足、抜き足を上げることや着地のしかたを確認し、棒を持っている2人でチェックします。

**アドバイス**　子どもたちが棒を持つことで、跳ぶ子どもに視線が向き、助言もしやすくなります。

## プラン3 初めは「8の字またぎ」作戦
### 基本的な動きに少しずつ慣れる

### ① 8の字またぎ
　ゴムの高さを子どもの膝の高さにして取り組む。5歩程度の距離からスタートし、慣れてきたら高さを徐々に上げ、繰り返し練習する。

### ② 助走をして跳ぶ
　踏み切りをさせたい位置に印となるものを置いたり、助走させたい角度（40度程度）に線を引いたりして視覚化すると、子どものつまずきを軽減することができる。

　走り高跳びに慣れている子には、線やベースに合わせすぎなくてよいことを伝えておくとよい。

**アドバイス**　ここでは、左右どちらの足で踏み切ったほうがまたぎやすいかという点に絞って、学習を進めます。

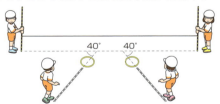

 次は、何cmまで跳べるかに挑戦していきます。それまでのクラスの様子を考えながら、ゴムに触れずに着地できれば成功とするのか、触れても着地することができれば成功とするのか考えておく必要があります。実態に合った課題にすることで、子どもたちの意欲も高まります。

**アドバイス**　ここでは、5歩の助走やリズムを身につけること、踏み切り位置について確認することに視点を絞ります。グループで学習を進めるために、視点を明確にすることが大切です。

**参考文献**　清水 由『とってもビジュアル！筑波の体育授業（中学年編）』（明治図書出版）

# 「走る運動」の指導アイデアを考える

**3章 陸上運動**

## 楽しかった鬼ごっこ

　幼い頃ごく自然にしていた「走ること」を、多くの人がいつかやめてしまいます。なぜあんなに楽しんでいた、かけっこや鬼ごっこをしなくなったのでしょうか？

　その原因の1つに、競走として**「勝敗」を意識**し始めることや、それを**周りから評価される**機会が増えたことが挙げられます。人は好きなことを積極的に行い（接近動機）、嫌なことから比較的逃れる（回避動機）行動をとるといわれています。鬼ごっこなどで、何度追いかけても追いつけないという経験を意識してしまうと、「どうせつかまらないからやらない」となってしまいます。さらに、追いうちをかけるように周りからは「走るの遅いよね」、「もっと頑張って走らないと」などと言われます。

　また、いくら練習しても「負ける体験」ばかりすると、自信がなくなり、モチベーションが下がり、それが極端になると走ることが嫌いになり、運動嫌い、体育嫌いにつながります。なかには走ることや運動以外にも勉強や日常のあらゆる場面でやる気がなくなってしまうこともあります（学習性無力感といいます）。

　運動が嫌いな人の中で、走り方を教わった人がどれくらいいるでしょうか？　走り方を教わったことのない人が走り方を身につけることによって、それまで限界と思っていたことが限界でなくなる。つまり自分の可能性が今まで以上に高まるのです。このような機会が増えることによって運動嫌い・体育嫌いの子どもたちが減っていくのではないでしょうか？

## 個人差への配慮

　ただし、教わったからといってすべての人が走り方をすぐに身につけられるとは限りません。走り方を含めた運動の習得には身長、骨格、筋力、運動技能（目や耳、筋肉から情報を得て「こんな風に動きたい、こんなことを体で表現したい」ということが「できる」こと）などの個人差を配慮した指導をしなければ、個人の能力を伸ばすことが難しくなります。

　このような配慮が必要な個人差の1つとして、子どもの発達的な特徴が挙げられます。最近の文部科学省の調査によると、通常学級の子どもの約6％に発達障害傾向があり、その子どもの多くは運動が苦手であると指摘されています。この子どもたちは、体育授業で周りの子どもたちと同じことがなかなかできにくい傾向にあるようです。

　クラス全員に対して同じ指導をしても、すべての子どもが同じ理解をするとは限りません。また特に運動が苦手な子どもはすぐに体で表現することが難しい場面が少なからずあります。こうしたとき、まずは、難易度をいくつかに分けて自分のレベルに合った場面（場所）で実施させることも有効です。例えば、ハードル走の場合、低い高さでハードル間の短いレーンから、高いハードルで距離も長いレーンなどいくつかの場面を設定し、子どもたちが自分でリズミカルに走れるレーンを選択できるようにします。

　また、何歩で走っていいかわからない子どもには目印を置いてそこに足を置くよう指導することもあるでしょう。

　このように運動が苦手な子どもには、強制的な動きをさせ、結果的に「うまくできた」という**成功体験を積み重ねる**ことが大切です。

## 1人の「できた」から2人の「できた」へ

　「できた」という経験（成功体験）は、1人で行うものばかりではありません。

　例えば、運動が苦手な子どもは一定のリズムやスピードで走れないことがあります。その場合、一定のスピードで走れる子どもが、うまくできない子どもに合わせて二人三脚のように走ることで、2人で同じ動きが「うまくできた」という経験を積むこともできます。

　うまくできる子どもがうまくできない経験をすることで、なぜできないかということに気づくことができ、うまくできない子どもに対してできる方法を教えるという光景もみられるかもしれません。お互いうまく行うためにはどうすればよいか考え、**協力して実行する経験**をこのような場面で体験することができます。

## 「走る」から「競走する」へ

　このように、走ることを通して「できた」という経験を積むことは、それまでうまくできなかった子どもが自信を持ち、次の行動を積極的に行うきっかけにもなります。

　ただし、「走る」ことには、「競走する」という要素も含まれています。この競走から「勝つ喜び」を味わうこともスポーツの醍醐味でしょう。ただし、運動が苦手な子どもは、同じ条件や環境ではほかの子どもたちに勝つとい

キーワード：競走・勝敗・運動嫌い・自信・個人差・難易度・選択・目印・成功体験・協力・シンプル・バリエーション・ステップアップ

う経験がなかなかできないため、指導者は**運動が苦手な子どもに勝つ経験をさせる**工夫が必要になります。

例えば、同じ条件や環境での競走ではなく、足の速い子どもはほかの子どもよりスタート位置を下げるなど、それぞれの子どもに対して、個人に合わせた課題の難易度を設けて競走させれば、運動が苦手な子どもでも勝つ経験をすることができます。もちろん、設定された条件が違えば「ずるい」と言う子どももいるでしょう。しかし、それは初めから個人に合わせた課題の難易度を設定するからではないでしょうか？ **初めはクラス全員が同じ条件で競走をし、そこから少しずつ個人差に配慮した条件を組み込む**ようにしてはどうでしょう。運動や走ることが得意な子どもは、条件がだんだん厳しくなる中で、それでも負けない努力や工夫をすることで課題に対する解決方法を見つけ、行動に移していくことができます。

### リレーは「個人差」が「個性」に変わる

リレーのようにチーム内のメンバーで協力して勝敗を競う競争もあります。リレーは、子どもの**個人差が個性に変わる場面**だと私は考えます。勝つためには、メンバーの個性を把握し、結果につなげることがとても大切です。

例えば、距離の違うところに置かれたマーカーを取りに行き、引き返して次の走者にタッチするというリレーがあります（マーカー持ち帰りリレー→P73）。チームのメンバーには、「どのマーカーを誰が取りに行くかという作戦を立てる人」、「立てた作戦をきっちり行う人」、「話を聞いていない人を作戦に集中させる人」、「スタートが速い人」、「長い距離が得意な人」、「低い姿勢で折り返すのが得意な人」、「声が大きく指示の出せる人」、「元気で盛り上げる人」などがいて、さまざまな個性をうまく組み合わせることが、相手チームに勝つことにつながります。指導者はこの**個性をどのように融合させるか**というヒントを出しながら、協力や作戦が勝利につながることを子どもたちに気づかせ、喜びや達成感を与えることができるでしょう。

さらに、リレーには「協力する」、「作戦を立てる」という要素以外にも、「**運**」**を入れる**ことによって、どのチームが勝つかわからないという不安定要素がチームに期待と緊張を持たせ、充実感につなげることができます。チームにハンデキャップを持たせて勝っても納得のいかない子どももいますが、「運」は子どもも指導者もどうすることもできないので、比較的結果を受け入れやすくなります。

### 指導パターンの広がり

こうした指導の立案をしていく中で、いくつかの考え方のパターンがあります。

例えば、直線で行ったら次は曲線で行ってみる、あるいは、方向の転換を行う、などです。技能の習得には、ゆっくりした動きから速い動きへ、大きい動きから小さい動きへ、低いものから高いものへ、弱いものから強いものへ、シンプルな動きから複雑な動きへと、動きを単発に終えるのではなく、**バリエーションやステップアップ**を考えていく必要があるでしょう。

ここで気をつけなければいけないのは、指導方法が中心になってしまわないことです。何のためにこの指導を選択しているかという目的を、しっかり押さえておくことが大切です。

### 「競走」から「共生」へ

最後に、絶対に確認しなければいけないことがあります。リレーなどのチームで勝敗を争う場合に重要なことは、チームでの**敗因を特定の子どもに求めてはいけない**ということです。しかし、指導者がいくら配慮しても、なかには「○○のせいでリレーに負けた」と言う子どもが出てくるかもしれません。そうした場合、どのように指導者は対処するとよいでしょうか？

ここで重要なことは、勝つチームは1チームのみで、それ以外のチームは必ず負けるということです。勝負ですから、負けることがいいということではありません。しかし、負けたとしても勝つために全員が努力したという確認をする必要があります。例えば「○○君（さん）がいたから負けた」と言った子どもに対して、指導者は「じゃあ、運動の得意な人や足の速い人がもっと頑張って速く走ればよかったと思わない？」という問いかけをしていきます。大切なのは、**クラス全員が全力で行っている、最大限努力しているということを認め合う**ということです。それができれば、チーム全員で勝った喜びを味わうことができますし、もし勝てなかったとしてもお互いが努力したことを「ともに認め合う」ことはできると思います。

「競走」を通して、子どもたちみんなが「共生」することができるよう、指導者は日々努力していく必要があります。

（渋谷 聡）

## 体育における指導の工夫

　今までの章を振り返ってみると、子どもが動きをイメージしやすく、わかりやすい指導についてのポイントが明確になってきます。

　その1つ目は「スモールステップ」です。渋谷先生が説明してくれていますし、皆さんもスモールステップという言葉は聞き慣れていると思いますが、スモールステップ化した行動をすべてつなげると、子どもは一連の行動を1人でできるようになります。これを行動の連鎖化、もしくはチェイニングと呼びます。

　しかし、単に活動を最初から順番に小刻みにするだけがチェイニングではありません。前から後ろに向けてスモールステップ化したものをつなげていくことを、「順行連鎖化（フォワードチェイニング）」といいます。それとは逆に、ゴールとなる行動を強化し、後ろから前に向かって徐々に行動を形成してゆく手続きを「逆行連鎖化（バックワードチェイニング）」といいます。

　フォワードチェイニングは順番に地道に取り組んでいく方法で、主流だといえますが、なかにはバックワードチェイニングのほうが向いている子もいます。最終目標となる動きのイメージを学んでから、逆行していくほうが学びやすい子もいるのです。しかもバックワードチェイニングは達成感を得やすいという利点もあります。

　このようにスモールステップ化した行動を1つずつ習得させることで、適切な行動を教えていくわけですが、その刻み方（ステップ）は一人一人異なりますので、子どもに合わせてステップを変えることが重要です。

　2つ目は「見える化」です。例えばスモールステップの内容を言葉で説明するよりも、イラストや写真などを使ったほうが子どもも理解しやすいでしょう。発達が気になる子の場合、言葉による説明を聞いてイメージ化することが苦手なケースが多いので、極力「見える化」を取り入れる指導が必要になります。

　また子どもの活動を撮影し、タブレットなどを使ってその場で確認するということも非常に効果的です。ただ、どこに着目して動画を見たらいいかは焦点化していく必要があります。例えば「自分の足の動きに注意して見てごらん」「腕が大きく振れているかチェックしながら」などと見るべきポイントを焦点化していくとより効果的です。なお、動画をチェックしたあと、「どこが悪いかわかる？」などの抽象的な言い方は混乱を招くことがあるので、振り返りをうながす質問自体も焦点化するとよいでしょう。

　3つ目は「キャッチーなフレーズ」を使う、ということです。子どもたちはCMソングを口ずさむのが好きですし、早く覚えます。動作をイメージ化するのに「見える化」も有効ですが、運動ではリズムも大事な場合があり、清水先生が提案するような口伴奏は大変有効です。例えば、鉄棒のかかえ込み回りでは「伸ばしてー！ 曲げる！ 伸ばしてー！ 曲げる」、あるいはイメージしやすく、キャッチーな覚えやすいフレーズで教えることにより、さらにわかりやすい指導ができるのです。

　そして4つ目のポイントは「シンプルにする」ということです。これもスモールステップと共通する部分がありますが、特に活動の目標を絞り込んだり、ルールを単純化したり、指示を具体的にすることで、わかりやすくしていくのです。

　体育に苦手感がある子どもたちが「これならできそうな気がする」と思えるような手だてを散りばめていくと、子どもたちのチャレンジ精神が刺激されることでしょう。

（阿部利彦）

# 4章

# 水　泳

4章 水泳　水慣れ（顔つけ）

# 水に顔をつけられない子、目を開けられない子

　日常生活において、入浴などを除けば、水の中に顔や頭を入れることはまずありません。水に顔をつけることは、まさに未知の世界に飛び込んでいくのに近い感覚があります。水泳が苦手な子にとって、プールは不安と恐怖の対象でしかないのかもしれません。

　水に対する不安は、水圧、抵抗、浮力、水温などの水の特性が大きく関係し、この特性が不安や警戒心を大きくすることがあります。これらの心理的要因を一気に解消することはできません。ケースによっては、数か月から数年程度かけて、少しずつ慣れていく場合もあります。子どもを焦らせずに、じっくりと指導するように心がけましょう。

##  苦手・つまずきの背景

◆水の特性からくる不安とは？

　人が水中に首までつかった状態では、**水圧**によって肺活量が7～10％程度低下するといわれています。水圧は「息苦しさ」を生みます。また、水の密度は空気の約800倍もあり、空気よりも大きな**抵抗**や乱流を生み出します。水中では全方向から抵抗がかかるため「動きにくさ」につながります。さらに、**浮力**によって重力の影響から解放されますが、これにより「足が着かないことへの恐怖」「急に止まれないことへの警戒心」が増大します。加えて、**水温**が体温よりも低いと陸上よりも約30％早く体温が奪われ、「不安」につながります。

◆「触覚防衛反応」が背景に潜在している？

　異物（例えば虫など）が顔に当たるといった触覚への感覚情報が入ってきたときに、人は無意識に自分の身を守ろうという防御機能が働きます。目をつぶったり、顔を背けたり、手で振り払ったりする行動をとります。これに近い防衛的な反応がプールの水に対しても働いてしまうような状態は、触覚が過剰に反応している様子であると理解することができます。このように、安全なもの（プールの水）に対しても、触覚が無意識に過剰な反応をしてしまう状態を「**触覚防衛反応（触覚過敏）**」といいます。　P13、34 参照

◆触覚の2つの機能

　触覚には、「識別的な機能」と「本能的な機能」の2つの機能があります。

　触覚防衛反応（触覚過敏）が強く、「本能的な機能」が無意識に強く表れてしまっている子も、やがてプールの水に顔がつけられるようになる段階には、水に対するこの働きが弱くなっていきます。

　こうした過程を経て、「水に慣れた」と表現される段階に入っていきます。「水に慣れる」状態に至るまでには、その子自身が「プールの水にそれほど警戒心を発揮しなくても大丈夫だ」と意識することが大切です。

 ●プールに入る前に、しっかりと心の準備が整った状態にする。

## プラン1　手拭い?! 作戦
### 顔に水がかかったら、すぐに手で拭い取る練習をする

顔に水がかかっても、**すぐに手で拭い取れば大丈夫**だという安心感を育てます。初めてプールに入るときに、この動作からきちんと教えるようにします。次に、手で拭い取る動作をゆっくりと、小さくしていきましょう。水がかかっても、しばらく（数秒程度でよい）拭い取らないでいられるようになったら、ファーストステップ合格です。

## プラン2　シャワー作戦
### シャワーを使って水に慣れる

次のような順序で、徐々に水に慣れさせます。

### ① 足元を見ながら、シャワーを浴びる

立った状態でシャワーを浴びる。このとき、足元を見るようにすると、水が顔面の左右に分かれて目にかからないということを教える。落ち着いた呼吸のまま、長くシャワーを浴びられるようになれば合格。

### ② シャワーを浴びながら呼吸を覚える

①から少し顔を起こして、やや下向きの角度を保つ。水中での息苦しさが顔つけへの恐怖心につながっていることが多いので、シャワーを浴びながら、鼻から息を吐くこと、口を小さめに開けて息を吸うことを教える。目はつぶったままで構わない。

さらに、顔をシャワーに向けて、水を顔面に直接受けてみる。ここでは、口をあまり大きく開けずに息を吸えるかどうかだけを確認する。

### ③ シャワーで、口の中に入った水を出す練習をする

プールでは、水が口の中に入ることはよくあること。その状況でも慌てないようにするため、口を大きめに開けて、シャワーの水を口で受け止めたあと、口をすぼめて水を出す練習をする。

**アドバイス** 周りの子にも配慮して、授業開始前に指導しましょう。

参考文献　『楽しい体育の授業』2015年6月号（明治図書出版）
川上康則【体育と特別支援教育】師匠からの"喝"シリーズその2「プールで顔つけができない子の恐怖心の背景」

4章 水泳 | 水慣れ（浮く）

# プールの底から足を離すのが怖い子

　水泳の授業になるとプールの隅で震えている子がいます。水に潜ることや呼吸ができなくなることが不安なのです。そのような子は、壁の近くを離れることができません。何をやるにも壁の近くで行い、すぐに手を掛けて立ってしまいます。頑張って潜ってもすぐに立ってしまい、浮くことができません。

##  苦手・つまずきの背景

　プールの底から足を離して浮くことは、ある程度顔を水につけたり潜ったりできるようになった子でも、できないことがあります。頑張るつもりでも、水の浮力によって体の安定感をなくしてしまうのが怖くて、思わず立ってしまいます。足が底から離れて体が浮いてしまうことは、自分の意思で体をコントロールできなくなってしまうようで不安になります。不安になると体の力を抜くことができず、沈んでしまいそうになり、ますます怖くなります。　**P88参照**

　「潜る」遊びや「浮く」遊びを潤沢に経験させることで、このような不安は解消されます。スモールステップを意識し、楽しく行えるように工夫をしましょう。

### これで解決

- ●「潜る」経験をたくさんする。
- ●「浮く」遊びをスモールステップで行う。
- ●友だちのお手伝いで楽しみながら「浮く」。

## プラン1 もぐりっこ作戦
### 「潜る」遊びで不安を解消

「潜る」ことを多く経験することが「浮く」感覚も養います。ここでは、一瞬だけ潜る「もぐりっこ」を紹介します。

**もぐりっこ**
「プールの底に体の一部を着いて戻ってくる」遊び。スモールステップで「手」→「お尻」→「肘」→「おなか」→「背中」→「あご」→「おでこ」と難度を上げていく。深く潜らなければならないので、自然と浮く経験を繰り返すことにもなる。

**アドバイス** ▶ 潜るときは必ず「はーっ！」と息を吸う音をさせ、それを合図とします。子どもはそれをまねすることで自然に息を吸うことを覚え、呼吸ができなくなる不安が解消できます。

## プラン2 いろいろな浮き方作戦
### 「浮く」遊びをスモールステップで行う

まずは、力が入っていても浮く姿勢から始め、徐々に脱力したり、体（手や足）をコントロールしながら浮くことをめざしましょう。

また、潜る前には必ず大きく「はーっ！」と息を吸うことを教師が見せてまねさせましょう。

**①ダルマ浮き**
手足を縮めてギュッと膝を抱える姿勢なので、力が抜けなくても浮くことができる。背中から浮くことをしっかりと意識させること。

**②大の字浮き・ウルトラマン浮き**
体を大の字に開いたり、ウルトラマンのようにまっすぐ伸ばしたりする姿勢で浮く。背中から浮くことができれば、それほど力が抜けていなくても浮くことができる。

**③クラゲ浮き**
手と足の力を抜いてダラリと浮く。クラゲをイメージして、できるだけ力を抜くことを意識させる。

**④変身浮き**
①〜③の浮き方ができるようになったら、浮いたままほかの形に変身する。例えば、「ダルマ」から「大の字」に変身。1つの形をゆっくり数えて約3秒ずつ行う。もう1つ増やして「クラゲ」までできそうであれば、やや早めに数えて9秒間に挑戦させる。

**アドバイス** ▶ 浮いた姿勢のまま手足を曲げ伸ばししたり、脱力したりといった体のコントロールが泳法習得につながります。

## プラン3 励まし合い作戦
### 友だちのお手伝いで「いかだ引き」

友だち（あるいは教師）が手を持って引っ張る「いかだ引き」なら、浮いていても、進むことで体が安定します。体が安定している安心感から、プールの底から足が離れてもすぐに立ってしまうことは少なくなります。さらに、水の中を進む経験は楽しいばかりでなく、自信にもなります。

**アドバイス** ▶ 個別の配慮で教師が行うときは、伏し浮きの姿勢で引っ張りながら「いーち、にーい、さーん…」とゆっくり数え、具体的に何秒息をこらえるのか目標を示します。そして、立つごとに振り返らせて、どのくらい進んだのかを確認します。距離が伸びることがその子の自信になります。

# 力が入って沈んでしまう子

4章 水泳　水慣れ（背浮き）

あおむけに浮く背浮きは、慣れるとリラックスしている自分を感じることができ、非常に気持ちがよいものです。その一方で、背をプールの底に向けるため底が見えず、恐怖心が体を包みます。力みがなかなか抜けず、リラックスできるようになるまでに時間がかかります。

水に身をまかせて浮かぶことは、泳ぎを上達させるためのファーストステップになります。背浮きは、いわば、水の中でのリラックス度を測る指標といえるのではないでしょうか。

##  苦手・つまずきの背景

**◆力みがとれない**

人は、不意にバランスが崩れると反射的に頭を垂直位に保とうとします。これは「立ち直り反応」といい、自分の身を守ろうとする動きです。**背浮きが怖いという段階では、無意識に身を守ろうとするメカニズムが働きやすくなる**ため、立ち直り反応によって、頭を起こそうとしてしまいます。背浮きは、耳が水面の下に隠れるくらい、頭を大きく水の中に沈めないとうまく浮くことができません。まずは、立ち直り反応の段階を卒業する必要があります。

**◆背浮きの姿勢から立つまでに焦ってしまう**

背浮き姿勢からプールの底に足を着けて立つまでの動作も難しく感じられます。慣れていないと、顔に水がかかることが怖いため、顔を水面上に出したまま立とうとしてしまいます。背浮き姿勢から立つには、一度潜ってからがよいことを教える必要があります。

- 背浮きで、リラックスして浮くことができる姿勢を体感する。
- 背浮きから立つ練習をする。
- 背浮きで浮きながら、手（腕）で進む感覚をつかむ。

### 耳を沈めれば怖くない！作戦
## 両耳まで水に入れ、足が浮かびやすいことを体感する

プールの底に赤台を2台重ねて、水深を浅くします。その上にあおむけに寝て、両耳までしっかりと水面下に入れます。この段階で、頭は反らし、目の縁近くまで水の中に沈めたほうが、足が浮かびやすいことを体感させます。

**アドバイス** ゴーグルを使う場合、ゴーグルのふちまで水がくるようにします。

### バランス作戦
## 重心と浮心のバランスをとって浮く

体の重心（へそ周辺）と浮心（肺付近）には距離があるため、足側が沈みやすくなっています。

そこで、以下のような姿勢をとって、バランスをとってみましょう。

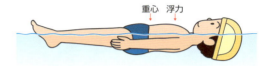

① コースロープに足を乗せる。膝の裏を乗せてもよい。
② 膝から下を折り曲げる。
③ 両腕または片腕を頭上に。肘を曲げたり、手を広げたりしてよい。

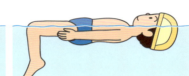

### 立ち上がり作戦
## 背浮きから、一度潜って立つ

① 口から息を吸ったあと、腰を曲げて尻を沈める。へそを見ながら、顔も水の中へ。
② 鼻から息を吐き、一度、頭まですべて水の中へ。
③ 足がプールの底に着いてから顔を上げる。

### 腕でゆっくり進行！作戦
## 背浮き姿勢で浮いて、進む感覚をつかむ

背浮きが獲得できても、すぐにばた足の練習に入らず、手（腕）で水をかいて進んでいく感覚を学びます。

両腕を頭上に伸ばし、太ももまで腕を戻す動作を行います。手のひらだけで進むわけではないので、肩から腕を大きくゆっくりと閉じていくようにします。「遠くまで進もう」とすると力みが出てしまうので、波を立てずにゆっくりと動かすようにします。

① 背浮きの姿勢をとる。
② 腕を水面上に大きく動かす。肘は伸ばしすぎないようにする。
③ 太もものあたりまで、ゆっくり動かす。沈んできたら立つ。

**アドバイス** 手（腕）で進む感覚をしっかり身につけておくと、クロールの上達も早くなります。

4章 水泳　水慣れ（呼吸）

# 水中で
# うまく息が吐けない子

　人は水の中では呼吸ができません。水中で息を吐くことは大切な空気を手放すことになるため、水泳が苦手な子は不安が先に立ってしまいがちです。また、水中で息を吐くことが大事だと理解して、何度かチャレンジしてみるものの、水を飲む経験をしてしまうと、よけいに怖くなってしまい、うまくいきません。

 **苦手・つまずきの背景**

　水が苦手な子にとって「水中で息を吐きなさい」と言われただけでは、どのように吐いていいのかわかりません。また、恐る恐る息を吐くので、弱々しく長く吐いてしまい、結果として吐き切ることができません。そのため顔を上げたときに息を吸おうとしても、肺に空気が残っているので息が吸いにくい状態になってしまいます。
　呼吸をコントロールできると、さまざまな泳法にもチャレンジできます。不安を和らげる工夫をしながら取り組み、水の中で息を強く吐く感覚を味わわせることがポイントです。

- プールサイドを利用する、手を握るなど、安心して取り組める状況をつくる。
- 息を強く吐く感覚を味わわせる。
- 息を強く吐く反動で、息が吸い込みやすくなる感覚を味わわせる。

### プラン1 水面ぶくぶくバブリング作戦
## 鼻と口を水につけて、水の中で強く息を吐く

顔を水につけたり、潜ったりすることに抵抗が少なくなるように、水慣れをたくさん行います。そのうえで、頭まで潜らずに目を水面上に出しておくことで、不安感を和らげ、水中で息を吐く練習ができます。

**アドバイス** ▶ プールサイドをつかんだり、バディと手をつないだりしながら行うと安心感が増します。

長く息を吐くことを競うゲームなどで、楽しみながら行う。

### プラン2 水中ぶくぶくバブリング作戦
## 水中で目を開けて、息を吐く

水中で息を吐くためには、目を開けていることが大切です。ぎゅっと目を閉じていると、周りの状況がわからないため、不安になります。そのため、体に力が入り、息をしっかりと吐くことができなくなるのです。

① 水中で目を開くゲームをして、水に慣れる。

② 水中で息を吐く練習をする。ゲームを取り入れ、楽しみながら体験させる。

**アドバイス** ▶ どうしても目が開けられない子には、ゴーグルを使用すれば、よけいな力が入らなくなります。

### プラン3 「パッ」とボビング作戦
## 水を吹き飛ばすくらいに強く吐いて、吸う感覚をつかむ

息を強く吐く練習をします。息を吐き切ることで、肺に空気が入りやすくなり、また、強く吐く反動で吸い込みやすくなります。

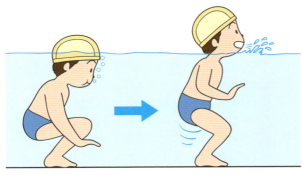

① 水中から頭を上げたときに、「パッ」と強く吐く。口の周りの水を吹き飛ばすイメージで行う。

② バディなどと手をつなぎながら、タイミングを計って連続で息継ぎができるように練習する。

**アドバイス** ▶ 陸上で風車や紙などを口の前に置いて、吹き飛ばすような練習をすると、強く吐くイメージがつかみやすくなります。

# ばた足がうまくならない子

クロールの足の動かし方を「キック」や「ばた足」と呼びます。キックというと「蹴る」という力強いイメージになりますし、ばた足という呼び名からも「バタバタと強く足を動かす」というイメージが強くなるようです。このことから、一生懸命に速く力強く動かせば前に進むというイメージを持ってしまう子もいます。しかし、水の中では力めば力むほど、沈みやすくなり、進みにくくなります。大切なのは、長続きするキック（ばた足）の動きを獲得することです。

##  苦手・つまずきの背景

◆**正しいキック（ばた足）とは？**

クロールの推進力の多くは、腕の動きから得られます。足の動きは、水中でバランスを保って足を浮かせることが主な目的です。陸上での歩行と同じように、楽な動きで長く続けられる必要があります。歩行では、足を付け根から大きく動かすことも、膝を大きく曲げることもありません。

ばた足でも、膝は程よく曲げる程度にし、足は1足長くらい動かすだけで十分です。競泳選手のような「ムチがしなるように」という指導は、必要ありません。

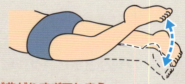

◆**膝が曲がりすぎてしまう**

膝が曲がりすぎると、水面上に足が大きく出て、水面をバタバタと叩くようなキックになります。これでは推進力が得られません。この場合は、プールサイドに座った状態で、膝の曲がり具合を確認するようにします。

◆**膝が伸び切って足が棒のようになってしまう**

「膝を曲げてはいけない」「太ももから動かす」という指示どおりにキックしようとするあまり、ばた足を、「足を棒のようにして、足の付け根から大きく動かす」イメージでとらえている子がいます。これではかえって、下半身が沈んでしまいます。この場合は、大人がサポートするなどして正しいキックのイメージを伝えるようにします。

 **これで解決**
- プールサイドに座って膝の曲がり具合を確認する。
- 補助に付いて、膝が軽く曲がる感じをつかませる。

### プラン 1
**プールサイドに座ってモコモコキック作戦**
## 膝から下を使ったキックのイメージをつかむ

子どもの足元で両手を水面にかざし、子どもの足の甲が大人の手のひらにそっと触れるようにします。水面に下から盛り上がるような「水の山（モコモコ）」ができ、これをずっとつくり続けるようにします。

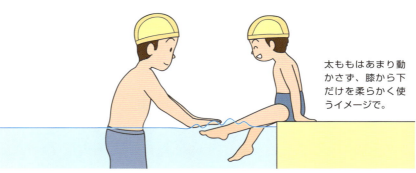

太ももはあまり動かさず、膝から下だけを柔らかく使うイメージで。

### プラン 2
**けのび姿勢でキック作戦**
## 膝から下だけを動かすキックの動きを身につける

壁につかまり、けのびの姿勢になります。足が浮いたら、そのまま水面近くでキックを続けます。

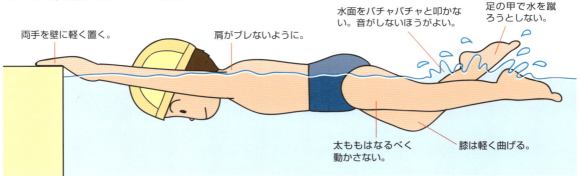

両手を壁に軽く置く。
肩がブレないように。
水面をバチャバチャと叩かない。音がしないほうがよい。
足の甲で水を蹴ろうとしない。
太ももはなるべく動かさない。
膝は軽く曲げる。

**アドバイス** ▶ 肩が大きく動いてしまう子がいたら、それは太ももから大きく動かそうとしている姿です。肩をそっと押さえて、膝から下だけで十分であることを教えましょう。

### プラン 3
**太ももを持ってサポート作戦**
## 膝を軽く曲げたキックの感覚をつかむ

膝が伸び切ってしまう子には、右の図のように大人がサポートします。子どもの横に立ち、進行方向に背を向けます。太ももの動きを支えたり、膝が軽く曲がるように膝の裏側からふくらはぎの部分を押してあげたりすると伝わりやすくなります。

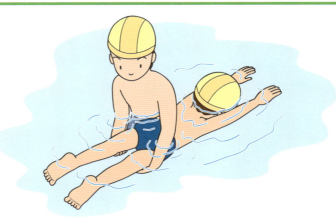

### クロール（手のかき）

# 手のかきが横に流れてうまく進めない子

　クロールの手のかきは、肘を曲げて水の上を戻すイメージが強く、肘を曲げて腕を回してしまう子がいます。また、両腕を常に回そうとしたり、肘を曲げたまま体から離れたところで腕を回していたりして、手でしっかり水がかけない子がいます。

　手をかく回数が多ければ速く進むと勘違いしてしまいがちですが、回数を増やしてもしっかり水をとらえられなければ思うように進むことができません。

 **苦手・つまずきの背景**

　思い込みの手のかきになり、きちんと水をとらえてかけていないことが考えられます。

　水がしっかりかけていない子は、最初の段階では、腕を伸ばしたままのフォームで基本的な手の使い方を身につけます。前に伸ばした手を、脇を締めて体に沿ってかき、手が太ももに触れるところまでかいてから、そのまま肘を曲げずに水上を戻します。

　**水の重さを感じながら手で水をかく感覚をつかむ**ことが重要です。

- 手で水をかいている感覚をつかむ。
- 手でかいた水を太もものほうへ押して、手のかきで前に進む感覚をつかむ。

### プラン1 スタンディング水かき作戦
## プールサイドに手を着いて、かいた手で水の重さを感じる

手で水をかいている感覚を体験します。

① プールの底に立ち、両腕を伸ばして、プールサイドに手を着く。

② 手を伸ばしたまま、片手でまっすぐ下にかき始める。

③ 肘は曲げずに、手のひらがへその下を通るようにして、尻（太もも）の所までかき切る。

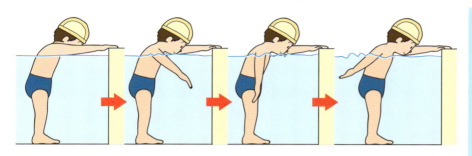

**アドバイス▶**
手で水の抵抗を感じるために、次のことを確認します。
・少し強めにかく
・手の指は閉じているか（水が漏れていないか）
・手で水をしっかりかけていると、最初は二の腕が痛くなるくらいの抵抗力を感じる

### プラン2 ウォーキング水かき作戦
## 歩きながら、手のかきで前に進む感覚をつかむ

水をかく感覚がつかめたら、ビート板を使って**面かぶりクロール**の練習をします。手のかきで少しずつ前に進んでいくと、水をかいている感覚を実感できます。

① 腕を伸ばしたまま、右手を大きく下へかき始め、手のひらがへその下を通るようにかく。

② 手のひらで自分の太ももを触るようにしてかき切り、手を伸ばしたまま水上へ出して、ビート板へ戻す。

③ 慣れてきたら、ビート板なしで行う。かいた手が、前に伸ばした反対側の手に触れたら次のかきを始める。

**アドバイス▶** 手でかいた水を太もものほうへ押しやる感覚をイメージさせると、推進力のイメージが高まります。

### プラン3 推進力2倍！作戦
## 太もものほうへしっかりかいて、前に進む感覚をつかむ

水をかく感覚が身についたら、泳ぎながら行います。ただし、スタートからすべてを一緒に行うのではなく、「けのび→キック→面かぶりクロール」と、1つ1つの動きを確認しながら、連続の動きにつなげていきます。

① しっかりと両足で壁を蹴り、けのびの姿勢をとる。

② ゆっくり3秒くらい数えたら、キックを始める。

③ キックの推進力が出てきたと感じたら、プラン2の面かぶりクロールの要領で手のかきを行う。

**アドバイス▶** 上手な人も両手を次々と動かしてかいていないことを伝え、まずは面かぶりクロールで、かいたあとに両手をそろえてけのび姿勢をつくり、進む感覚をつかませます。

# 顔を前に上げて呼吸しようとする子

　呼吸のときに顔が前に上がったり、頭が縦に動いたりしてしまう子がいます。すると、頭を上に持ち上げたぶん、体が起き上がり、水の抵抗が増えてしまいます。さらに、呼吸のあと、頭が水中に沈むので、波打つようなフォームになってしまい、スムーズな泳ぎになりません。

 **苦手・つまずきの背景**

　進行方向に向かって顔を横に向けて呼吸する動きの経験が少ない場合、顔を横に向けて呼吸をすると「水を飲み込んでしまうのでは…」と不安になります。まずは、顔を横に向けても口が水の上に出て、呼吸ができるということを実感させることがポイントです。また、**顔を横に向けるための具体的な目標物を示す**ことも効果的です。
　不安を取り除きながら、顔を横に向ける動作の習得をスモールステップで取り組みます。

 これで解決

- 顔を縦に動かしたときと横に動かしたときの口の位置を確認し、思い込みを解いていく。
- 水上の手の動きを目で追うことで、自然に顔を横に向けやすくなる。
- 呼吸するほうと反対側の、伸ばした腕にしっかりと耳を着け（頭を乗せ）、頭が縦に動くことを防ぐ。

## プラン1 誤解を解いて横向き呼吸作戦
### 横向きでも呼吸できることを実感する

顔が全部水から出なくても、呼吸できることを確認します。

① 顔を縦に上げたときと、横に向けたときの口の位置の違いから、横向きのときのほうが頭の上がり方が少ないことを確認する。

② プールサイドにつかまり、キック付きの面かぶりクロールを行う。　面かぶりクロール P95参照

③ 呼吸する側と反対の腕に耳を着け、呼吸する側の自分の手を見るようにする。

**アドバイス** ▶ 呼吸のとき、両足をプールの底に着けたままだと、体をひねりにくいので、キックをしながら行い、手のかきに合わせて体を回転（ローリング）させるようにすると、顔が横に上がりやすくなります。

## プラン2 よく見て横向き呼吸作戦
### 泳ぎながら横向き呼吸の感覚をつかむ

次に、泳ぎながら顔を横に向ける練習をします。

① ビート板を使って面かぶりクロールにチャレンジ。呼吸する側と反対側の手をビート板に乗せ、ビート板の浮力を感じながら、耳を着ける感覚を意識させる。

② 呼吸をする側の手がいちばん高い位置にあるとき、その手を目で追うようにする。

**アドバイス** ▶ 泳ぐ子と歩く子の2人組になり、歩く子は顔を上げたときに目印になるようなものを持って、呼吸する側の真横の位置で一緒に移動します。

## プラン3 少ない動きで横向き呼吸作戦
### スムーズな呼吸につなぐ

顔が横を向いても呼吸ができることがわかったら、よりスムーズな呼吸の練習をします。

① 手が太ももに触れて、水から出る場所を見るように意識する。

② 呼吸する側の肩を見るように意識する。

**アドバイス** ▶ 呼吸をするときに「パッ」と強く息を吐き出させます。口の周りの水を飛ばすことと、息を吐き出した反動で息が吸い込みやすい状態をつくります。 P90-91参照

4章 水泳　平泳ぎ（キック①）

# キックの感覚がつかめない子

　平泳ぎのキックは、クロールが上手にできる子も習得が難しく、「できる・できない」がとてもはっきりしています。いわゆる「あおり足」になってしまっていることが自分でわかりにくく、練習してもなかなか上達しないことで、やる前から「どうせできない」と諦めてしまう子もいます。

　一方で、水泳には、ボール運動などのチーム種目と違い、自分のペースを大切にしながらじっくりと取り組めるというよさもあります。また、水中は動作をゆっくり行えるため、考えながら動きづくりに取り組めます。平泳ぎのキックのような、今までにできなかった動きを獲得できたときの達成感は、いっそう強く感じられるはずです。

###  苦手・つまずきの背景

　平泳ぎのキックは、水泳指導の中でも最も教えることが難しい運動技術です。なぜなら、平泳ぎのキックは、日常生活のみならずスポーツの場面においても、**ほとんど経験したことのない動き**だからです。

　そのため、平泳ぎのキックができるまでのプロセスというのは、経験したことのない新しい動きを獲得することなのです。

　新しい動きを獲得するためには、まず、その動きに類似した動き（運動アナロゴン）が獲得されていなければなりません。平泳ぎのキックにおいても、獲得できていない段階の子どもは、ばた足やサッカーのキックなどに近い「あおり足」となってしまうケースが多いのです。

　加えて、平泳ぎは「腹ばい」の姿勢で行うため自分の足が見えません。さらに、水は流動的であり、毎回違った抵抗を感じてしまうので**「正しい」や「間違っている」を実感しにくい**という、水泳ならではの特徴もあります。

**これで解決**　陸上で、平泳ぎのキックに類似した動きの獲得から始める。
**NG!**「頑張ればできるようになる」「繰り返せば上達する」だけでは解決しません。

## プラン1 陸上ビート板作戦
### ビート板で、足首を曲げて閉じる動きを体感する

平泳ぎのキックに類似した動きを獲得するために、陸上でしっかり練習しましょう。

### ① 準備

まず、腹ばい姿勢をとり、ビート板2枚を足の左右に立てて置く。個人指導の場面であれば、先生がビート板を押さえる。集団指導なら、子どもどうしでペアを作り、2人1組で行うようにする。

### ② 親指の「腹」を左右のビート板につける

腹ばい姿勢で、足をお尻のほうに引きつけさせる。そのあと、ビート板の壁の内側に、足の親指の腹をこすりつける。この姿勢をとることができるかどうか、しっかりと確認する。

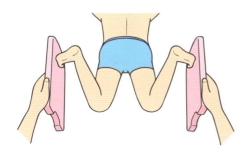

### ③ 指の「腹」をこすりながら足を閉じていく

親指の腹を、できる限り長くビート板にこすりつけながら、足を閉じていく。

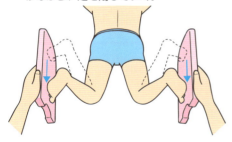

### ④ 最後は足を閉じる

「指の腹で、できるだけ長く壁をこすりながら、足を閉じる」のがポイント。コツがつかめたら何度も練習し、体で覚えるように指導する。

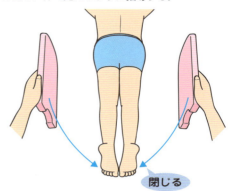

閉じる

この動きは、サンダルを突っかけて履いているときの親指を背屈させる動作に類似しています。また、自分が動かしているという刺激情報を、ビート板がフィードバックしてくれます。

> **アドバイス**
> #### 水中では、ビート板の代わりに教師が手を添える
>
> 水中で、ビート板の両側の壁を思い浮かべながら、全く同じことをやるつもりでキックします。教師が水中に入り、両手を壁代わりにして示してあげてください。「先生の手のひらをビート板の壁だと思ってね」と伝えるとよいでしょう。
>
>
>
> 長く「あおり足」が修正できなかった子が、たった1日で修正できたという報告もありました。

 参考文献 ●金子明友 監修／吉田 茂・三木四郎 編『教師のための運動学』（大修館書店）

# 浮けない不安から
# かえる足が習得できない子

「平泳ぎがなかなかうまくならない」、「頑張ってキックをすると、沈んじゃう」、「前に進まないし、苦しい」…。

平泳ぎのキックは、子どもたちがつまずきやすい運動です。どう頑張ったらよいかわからない子は、不安な気持ちをたくさん抱えています。特に、浮くことができない子は、かえる足の学習が思うように進みません。失敗を繰り返しているうちに、プールに入ることにも抵抗を感じ、水泳の授業に対するモチベーションが低下していきます。

##  苦手・つまずきの背景

泳法を習得するスピードには個人差があり、「潜れない」「浮けない」「うまくできない」など、子どもたちのつまずきは多岐にわたります。

なかでも特に「かえる足」は難しい運動です。それは足首の動かし方にあります。先に学習するばた足は足首を伸ばして行う運動であるのに対し、かえる足は足首を反らして行う運動です。足首の使い方が異なるため、習得に時間がかかってしまいます。

**P98-99 参照**

また、平泳ぎは呼吸のときに頭を起き上がらせる運動であるため、「浮けない」子どもたちは、腰が沈み、プールの底に何度も足を着いてしまいます。そこで、かえる足の運動を十分行えず、習得できないまま水泳の授業が終わってしまいます。

さらに、つまずきがある子どもたちは、失敗した経験の積み重ねから、大きな不安感と抵抗感を抱くようになり、学習意欲の低下や緊張による動きの固さにつながってしまいます。

これで解決

- 安心してかえる足の学習ができるように、補助具を活用する。
- 理解を深めるために、バディ学習を行う。
- 成功体験が積み重ねられるようにスモールステップで取り組む。

## プラン1　スイムヘルパーで全員浮こう！作戦
### 水に浮いていられるようになる！

　かえる足の学習で、「浮けない」子は、浮くこととキック、同時に2つの課題に直面しています。そんな子のハードルを下げ、かえる足の習得に迫れるように、ヘルパー（補助具）を準備し、**全員に浮く感覚を保障します。そうすることで、一斉学習が可能**になります。

（写真はトーエイライトのヘルパー）

**アドバイス**　不安を取り除くため、呼吸のしかたを身につけることが大切です。単元の前半から、授業の初めにボビングの練習を取り入れましょう。　ボビングの練習 **P91** 参照

## プラン2　つま先・パー＆かかとDEハート作戦
### バディと協力して上達しよう！

　学びを深めていくためには、子どもどうしの教え合いは欠かせません。初めに、かえる足の動きのイメージを「つま先・パー」「かかとDEハート」の共通言語を用いて、全員で共有します。その後、その共通言語をもとに、子どもどうしで声を掛け合い、補助し合いながら学習を進めます。

●つま先・パー
　つま先の指を広げようとすると、足首が反りやすくなる。補助者は、子どもの両足首をそれぞれの手でつかみ、反らせるように補助する。

●かかとDEハート
　かえる足の動きは、かかとで大きなハート型になるようにする。

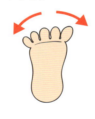
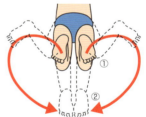

## プラン3　スモールステップ作戦
### 「もっと練習したい！」と思えるように

　上達するためには、練習に変化をつけながら、かえる足を繰り返し行うことが大切です。自分の力に合ったレベルからスタートし、15m（プールの横方向など）を泳ぎ切れたら、次のレベルにいきます。

- レベル1　ヘルパー5個＋ビート板
- レベル2　ヘルパー5個
- レベル3　ヘルパー3個（実態に応じて、ビート板使用）
- レベル4　ヘルパー1個
- レベル5　ヘルパーなし
- レベル6　キック数・タイムに挑戦
  - キック数…何回のキックで15m泳げるか
  - タイム…15mを何秒で泳げるか

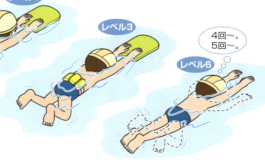

# 体育におけるリフレーミング的指導

かつて「水の怪物」と呼ばれた水泳選手がいます。マイケル・フェルプスです。彼は北京オリンピックで8つの金メダルを獲得し、史上初の記録を打ち立てました。

マイケルは9歳のときにADHD（注意欠如多動症）の診断を受けています。当時の先生たちには「何一つ集中できることはない子」と言われ続けていました。そんな彼の人生は、水泳というスポーツ、そしてボブ・バウマンというコーチとの出会いによって大きく変わっていったのです。

ところで、彼に水泳を習わせたのはお母さんでした。彼にストレス発散をさせてあげたかったからといわれていますが、それだけではなく、お母さんは我が子の特性に対する見方を変えているのです。ADHDの「多動」あるいは「落ち着きがない」というネガティブに評価されがちな特性を、「活動性が高い」「元気、活発」などポジティブなものへととらえ直し、彼に水泳をさせる選択をしました。これは、私たちにとって非常に参考になる視点です。

子どもの欠点とも思える特性を、大人の見方を変えることで「よさ」につなげる、このような考え方を「リフレーミング」といいます。子どもを変える前に、ちょっと大人が見方を変えてみる。当たり前と思うこともちょっと疑ってみる。これが気になる子の支援では大変重要な発想だといえるでしょう。

ところが、マイケルには感覚過敏があり、水に顔をつけることが苦手だったようです。そこで、顔に水をつけなくてもすむ背泳ぎを手始めにして自信をつけていったそうです。そうすれば誰もが彼のように苦手な感覚を克服できるとは限りませんが、少しずつ刺激に慣れていくこと、そして楽しいと思えることで、気にならなくなるケースもあるのです。

そして、もう1つ大切なこと、それはボブというコーチの存在でした。彼はマイケルの才能にいち早く気づき、そばで勇気づけをし続けました。ボブが言った言葉を、まるで予言のようにマイケルは成し遂げていったのです。

リフレーミングでは、このような大人の勇気づけが効果を発揮します。もし、自信をなくしている子どもがいて、身近な大人に「ここがよかったよ」と指摘してもらえたとしたら、その子は自分自身への見方をリフレーミングできます。時には、自分には無理だとか苦手だと思ったことでもチャレンジしてみよう、と思えるきっかけになるのではないでしょうか。子どもたちが自分の「持ち味」を見いだすことにもつながっていくのではないでしょうか。

このように、発達が気になる子どもの支援では、信頼できる大人が子どもの見方を変え、応援してあげることが重要です。例えば、運動でも「どこがダメか」より「どこがよかったか」と指摘すること、国語や算数などの着席して行う授業では課題とみなされるような特性を体育ではプラスとしてとらえること、「クロールでは〜しないようにする」といった否定語での指導ではなく「○○できるようにする」と肯定語で指導するように気をつけること、といったリフレーミング的な指導を心がけることで、子どもの自己肯定感を高めることができるのです。

体育の素晴らしいところは、自分の成長や向上が実感できることです。水泳でも、50mから100m泳げるようになった、記録が何秒アップした、クロールができるようになった、というような体で自覚できる達成感は自信につながります。その達成感は、次のチャレンジの起爆剤になることでしょう。

### 否定から肯定へのリフレーミング例

落ち着きがない ➡ 活発、元気
短気 ➡ 情熱的
臆病 ➡ 慎重
しつこい ➡ 粘り強い
飽きっぽい ➡ いろいろなことに興味が持てる

### 気をつけたい言葉かけ例

何回言われたらわかるんだ
➡ そう言われてもどうしたらいいかわからない
○○しないと△△になっちゃうぞ
➡ 脅されても意欲は出ない
隣の人とぶつからないように広がって
➡ 具体的にどのくらいの距離なのかわからない
ちゃんと並べ
➡ 「ちゃんと」がどういう状態かイメージできない
てきぱき動け
➡ 頑張ってもてきぱきできないのであって、わざとではない

（阿部利彦）

# 5章
# ボール運動

5章 ボール運動 | すべてのボール運動に必要な基礎的な動き

# 最初から「無理！」と決めてしまう子

ボール運動全般が苦手で、失敗を繰り返して、する前から諦めてしまう子がいます。

子どもたちがいつ、どのようなボール運動（スポーツ）に出会って興味を持つのかは、誰にもわかりません。でも、小学校期という成長段階に携わる教師としては、興味を持ったときに「何となくできそうな気がする」と思える子を育てたいのではないでしょうか。少なくとも、最初から「これは無理」と諦めてしまうような子にはしたくないと思います。そのためには、ボール運動に共通する基礎的な動きを身につけて卒業させたいものです。

 **苦手・つまずきの背景**

共通する基礎的な動きとは、「投げる」「捕る」であると考えます。例えば、バレーボールでサービスやアタックを強く打つには、一見関係がなさそうな「投げる」に含まれるひねり動作やムチ動作、重心移動ができなければなりません。逆に、「投げる」動作ができていれば、サービスやアタックの動きにつながります。また、レシーブの動きも「捕る」に含まれるボールの勢いを吸収する緩衝動作や、ボールの落下点へ移動するために軌跡の予測・判断もできなければなりません。

しかし「投げる」「捕る」の動作は、自然に身につくものではありません。昔は、メンコ、紙鉄砲、コマ回しなどの遊びの中で自然に身につけてきた動作も、現代の子どもたちには、学校できちんと動きを教わらなければならないものとなっています。

また、学校教育の限られた時間の中で習得させようとすると、遊びのように好きなだけ繰り返せませんので、効率的に教えなければ身につく前に時間切れとなってしまう可能性もあります。

**これで解決**
- ラインをまたいで「投げる」ことで投動作のポイントを明確にする。
- 「投げる」と「捕る」は同時に行って経験を増やす。
- ゲーム化して楽しく繰り返し、経験を増やす。

## プラン1 横向き作戦
### ラインをまたいで投げて、投動作のポイントを明確に

　壁に向かってボールを投げるときに正面を向く子がいます。最初から正面を向いていると、体をひねる動作を使えません。上手にボールを投げるには、最初の姿勢が横向きになっている必要があります。
　ラインを1本引き、またぐようにすることで自然に横向き姿勢になります。そして体重をいったん後ろにかけてから1歩前へ踏み出す感じで、重心移動をします。

①体重を一度後ろにかけてから、1歩踏み出す。

②踏み出すと同時に、ボールを持っていないほうの腕を肘から後ろへ引くようにして体をひねる。

## プラン2 投捕同時作戦
### 「投げる」と「捕る」を一緒に行って経験を増やす

　プラン1で壁に投げたボールは、転がってくる場合でも直接跳ね返ってくる場合でも、投げた子が自分で捕るようにします。同様に、2人組でのキャッチボールでも「投げたら捕る」という経験を繰り返すことができます。
　「30秒間壁ぶつけ」や「30秒間キャッチボール」などをして、「投げる」「捕る」経験をたくさん保障しましょう。

> **アドバイス** ボールを「捕る」動作は、「ちょっと引く」ことがポイント。ボールの勢いを弱める緩衝動作を習得したいので、「捕る」瞬間に「引く」ことを意識させましょう。

## プラン3 ゲームで繰り返し作戦
### ゲーム化して楽しみながら経験を増やす

　授業でボールの「投げる」「捕る」を扱うときは、少人数で1個のボールを使うようにします。一例として**はしごドッジボール**を紹介します。

●はしごドッジボール〈ルール〉
① 内野と外野2人ずつに分かれ、外野が内野を当てたら1点。内野はボールをノーバウンドで捕ったら1点。
② 点を取るたびに、大きな声で「○点！」と宣言する。
③ 1回2〜3分程度で攻守を交代する。各自の得点を確認して順位を決める（同点の場合はじゃんけん）。
④ 1位の子は1つ上の（広い）コートへ上がり、4位の子は1つ下の（狭い）コートへ下がって入れ替わる。
※4人1組が適当だが、3人で行う場合は内野を1人とする。

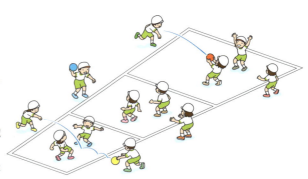

> **アドバイス** ラインを斜めにして、コートの広さを少しずつ変えると、楽しさが増します。

# 同じ側の手と足が同時に出てしまう子

　　　投げるとき、投げる手と同じほうの足を前に踏み出してしまう子がいます。言葉で何度説明しても、いざやってみると……。
　　　普段は何気なく物を投げたりしているだけに、何となく「物を放ること」はできそうだと感じていても、ゲームなどで全身を使って強いボールを投げたり、狙ったところに投げたりすることができない子もいます。
　　　「投げる」動きは、ボール運動には欠かすことができません。全身を使って「投げる」ことを身につけ、いろいろな運動を楽しめるようにしていきたいものです。

##  苦手・つまずきの背景

　運動経験の不足などから、強い球を投げたいと思ったときに腕に引っ張られて同じ側の足を踏み出してしまうことなどが考えられます。
　「投げる」動きは、「ステップ・体重移動・ひねる・放つ」と複数の動きが連動しています。まずは、<u>類似の運動（運動アナロゴン）をたくさん経験させる</u>ことがポイントです。そのうえで、ゲームで必要なコントロールやボールの強さを伴った「投げる」につなげていきます。　P19 参照

- 類似の運動の経験を重ね、体の使い方の感覚をつかむ。
- 「オノマトペ」を生かして、動きのタイミングをつかむ。
- 体重移動と、手の動きを連動させる。

### プラン1 紙でっぽう「パンッ」作戦
## 似た動きで、腕を振って投げる感覚をつかむ

強いボールやコントロールされたボールを投げるために、しなるような腕振りやスナップをきかせた動きを練習します。

① 紙でっぽうを鳴らす遊びを活用して、スナップをきかせる感覚を養う。振りかぶって腕と手首を振り、強い音が出たかどうかで確認する。

② ハンドタオルの端を握り、手を肩の高さに上げて大きく後ろに引き、肘を上げながら腕を振り始める。タオルが手を追いかけてくるように腕を振り、感覚を確かめる。

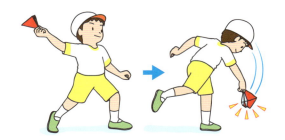

**アドバイス** ▶ 紙でっぽうなら強い音が出たとき、タオルならムチのようにしなっている状態をほめましょう。

**安全アドバイス** ▶ タオルを振るときは、十分に周りの広さを確認させましょう。

### プラン2 うんとこ・しょ！作戦
## オノマトペを生かして、体重移動の感覚をつかむ

今度は体重移動に焦点を当てます。体重を移動することで、同じ側の手と足が同時に出にくくなるとともに、体重の乗った強いボールが投げられるようになります。

**P105参照**

① 投げる方向に対して90度に向いて構える。

② 「うんとこ」と声を出しながら、右足に体重を乗せる。

③ 「(うんとこ)しょ！」のところで、左足を肩幅よりやや広めの所につき、体重移動をしながら腕を振る。

●右利きの場合

この場面では、足が動いて体重移動をしてから手を振り始めることを意識させる。

**アドバイス** ▶ 体重を乗せる感覚がわからない子もいるので、その場合、足に体重がかかってる状態で体を支えて止め、体感させるようにします。

### プラン3 手と足連動作戦
## 動きを連動させて、強いボールを投げる

プラン1と2のあとはステップ動作を使った「投げる」につなげます。

① 投げる方向に対して90度に向いて「気をつけ」の体勢で立つ。

② 手を体の前で1度交差させ、それを広げながら両手を肩の高さまで開く。

③ 手の開きと同時に右足を肩幅より少し広めに開いて体重をかける。そのとき、「うんとこ」と声を出す。

④ 「(うんとこ)しょ！」で体重を左足に移動させながら、追いかけるように腕も振る。

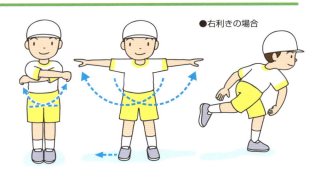

●右利きの場合

**アドバイス** ▶ 体重移動をすることで、ボールにエネルギーを伝えることができるので、足→手の動きの順序が大切です。

**参考文献** ●髙橋健夫ほか編『すべての子どもが必ずできる 体育の基本』(学研教育みらい)

# うまくボールを
# キャッチできない子

　ボールを捕るときに、怖くて目をつぶってしまったり、手に当てて落としてしまったりして、うまく捕ることができず、ボール運動を楽しめない子がたくさんいます。
　「捕る」ことは「投げる」ことと対になって、ボール運動では重要な技術です。相手が投げたボールを捕るのはもちろんのこと、味方のパスを受ける、相手の攻撃を防ぐなど、活用する場面がたくさんある、大切な技術の1つなのです。

### 苦手・つまずきの背景

　捕ることが苦手な子は、迫り来るボールとの距離感がつかめずに、腕を伸ばしたままの状態で捕ろうとします。また、怖くて目をつぶってしまったり、固まってしまったりします。
　まずは、目でボールの動きを追うことに慣れる練習を取り入れます。同時に、手を引く動きの経験を重ねながらボールの距離感をつかむことで、捕る力の向上をめざします。

**これで解決**

- ボールの動きを目で追って、ボールとの距離感をつかむ。
- ボールに合わせて、手を引く動きを身につける。
- 動きながら、ボールを捕る感覚をつかむ。

## プラン1　ボールを目と足で追いかけっこ作戦
### いろいろなボールを追いかけて、ボールの動きに慣れる

2人組でキャッチボールをしたり、壁に投げてはね返ってきたボールを目で追いながら捕ったりして、距離感をつかんでいきます。

① まずは、距離感がつかみやすいワンバウンドのボールを投げ、捕る感覚をつかむ。

② 次に、左右にワンバウンドのボールを投げてもらい、追いかけて捕る。

**アドバイス**　山なりのボールを投げてもらい、「ワンバウンド」「ツーバウンド」など、さまざまな条件のボールを捕ることで、よりボールを目で追う意識が高まります。

## プラン2　引いてキャッチ！作戦
### 手の使い方を覚えて、ナイスキャッチ！

ボールの勢いを緩衝したり、捕るまでの時間やタイミングを調整したりできるよう、ボールの動きに合わせて肘を曲げ、手を引きながら捕ります。

P105参照

① まず、肘を伸ばしたままボールを捕るようにし、捕りにくい状態を経験する。

② 次に、ボールを捕るときに、手を引く。肘を伸ばしたままのときと曲げたままのときのボールの位置を示し、その間を利用してキャッチの調整ができることを知らせる。

③ 短い距離でボールを投げてもらったり、ワンバウンドで投げてもらったりして、手を引いて捕る経験を増やす。

**アドバイス**　ボールに触れる経験を増やすために、準備運動で、ボールを手になじませる運動やボールを操作する運動を取り入れます。

## プラン3　前転でキャッチ！作戦
### いろいろな動きでキャッチする！

動きながら捕ることにチャレンジします。2人組で行うときは、相手との距離は短い距離から始め、徐々に広げていきます。

① 自分で弾ませたボールや頭上に投げ上げたボールを捕る。「○回転して捕る」など難易度を示すと子どもの意欲が高まる。

② 2人組で、相手にボールを左右に投げてもらい、自分で走り込みながら捕る。

③ 2人組で、相手にボールを投げてもらい、前転してから捕る（右図）。ボールからいったん目を離しても、再び目で追うことを経験する。

5章 ボール運動　ゴール型（めちゃサッカー）

# ゲームに熱中できていない子

　ゴール型のボール運動の特長として、パスをつないだり、相手をフェイントでかわしたりしてゴールを決める楽しさが挙げられます。しかし、攻防が入り乱れることや展開の速さなどに対応できない子がいます。
　また、学年が進むにつれて「できる子」が中心になりがちで、ボールをコントロールできない子や相手の動きを予想してパスすることが難しい子などは楽しめず、意欲も上がりません。

 **苦手・つまずきの背景**

　サッカーで必要とされる蹴る・止める・ヘディングなどの動きは、発達の段階に応じた簡易ゲームで経験したり、練習で身につけたりします。しかし、十分に経験を積めていないとなかなか向上せず、学年が上がるほど、得意な子とそうでない子とでは技能の差が大きくなります。
　そこで、技能差による影響が少なくなるようルールや活動の場を工夫し、誰もが楽しめる状況をつくります。単元の初めや年度初めの教科開きの取り組みで、仲間とかかわりながら運動を楽しむ経験を積み、「自分にもできるかも」「チャレンジしてみよう」という思いを持たせることが大切です。

 これで解決

- 思いっきり走ったり蹴ったりできるようルールを工夫し、運動の楽しさを味わう。
- 話し合う場面をつくり、どのような作戦がよいか、ルールをどのように変えるとみんなが楽しめるかを考える。

## プラン1 めちゃサッカー作戦
### 思いっきり「走る」「蹴る」ことができるように！

どの子も「走る」「蹴る」経験ができるよう、ルールや条件を工夫します。ここでは「めちゃサッカー」の男女分けの例を紹介します。

① 男子（3チーム）対女子（2チーム）で行い、女子に数的優位をつくる。
→女子はチーム数が少ないため出場機会が多く、男子は1チームの人数が少ないので走り回る機会が多くなり、それぞれ「走る」機会が増える。

② 体育館を使い、壁に当たって跳ね返ったボールもプレーできる。

③ 1セットは2分。デジタルタイマーなどを使い、時間になったら男女ともチームが入れ替わって続ける。

④ ボールは、4〜5個。ソフトバレーボールなど、当たっても痛くない柔らかいボールを使い、恐怖心を取り除く。
→数が多いので、ボールにかかわる機会が増え、かつ失敗が目立たなくなり何度もチャレンジできる。

⑤ 「女子は体育館の舞台全体」「男子は反対側の入り口」など、ゴールの大きさを調整する。
→女子のゴールを大きくすることで、コントロールが苦手な子も思いっきり蹴ることができる。

**アドバイス** ▶ 体育館で行うため、どこに蹴っても必ず跳ね返ってくるので、「安心して思いっきり蹴る」ことを伝えましょう。

## プラン2 話し合い作戦①
### みんなで作戦を話し合い、仲間にアドバイスする

7〜8セットが終わったら作戦タイムをとります。「めちゃサッカー」は点取り合戦のため、効率よく攻めて多く得点するという視点に絞って、互いに作戦を立てさせます。

自分がゲームに参加していないときも、仲間のために応援やアドバイスを送っているので、その内容を取り上げると、さらに仲間の動きにアドバイスをするようになります。　**P149 参照**

**アドバイス** ▶ スペースの使い方や動くエリアを決めておくことなど、作戦の例示も効果的です。

## プラン3 話し合い作戦②
### みんなが楽しめるようなルールを考える

2回目の作戦タイムでは、ルールの変更について考えます。たいていは女子が勝っているので、男子から「ゴールを小さくしてほしい」「ボールを減らしてほしい」などの提案が出ます。そこを、教師が判断するのではなく、「みんながハラハラドキドキする展開にするには？」と投げかけ、ルール（条件）を変更していきます。

ルールや条件の工夫しだいでみんなが楽しめるようになると実感させることが大切です。

**アドバイス** ▶ 必ず男子対女子で行う必要はなく、男女混合でも構いません。子どもが「できそう」「挑戦してみたい」ゴールを選んで、その人数に応じてチーム分けするのもよいでしょう。

# サッカーで活躍できず、すねてしまう子

　サッカーは好き嫌いが分かれやすい種目の1つです。
　ゲーム中に「ボールが来ない！」や「○○君が1人でやってつまらない」といった声を聞きます。教師がチームの経験者の子に声をかけても、なかなかうまくいかないことも少なくありません。
　技術が身につかないまま、ゲームに入ってしまうこともあり、立っているだけで授業が終わってしまうこともあります。
　子どもの意欲を向上させ、活躍できるようにするためには、用具やルールなどを工夫することが必要です。

 **苦手・つまずきの背景**

　ボールを蹴る・止める・ヘディングなどの技術は、短期間で習得することが非常に難しく、活躍しにくい原因となっています。また、経験者と未経験者の技能差も大きく、経験者が主導権を握り授業が進んでいくこともあります。一部の子が進める授業では、多くの子は満足できません。
　気づかれにくいのですが、このようなつまずきは、運動が苦手な子だけでなく、多くの子が持っています。このつまずきを解決することが、みんなが満足できる授業につながっていきます。

- 苦手な子も取り組めるように用具を工夫する。
- 誰でも楽しめるようにルールを工夫する。
- I型ゴールサッカーにみんなで挑戦する。

## プラン1 痛くないボール作戦
## 用具の工夫で、誰でも楽しいゲームに

全員が楽しんで活躍するためには、痛くないボールや空気を抜いたボールの使用が有効です。

### 恐怖心の軽減
「ボールが怖い」ことによるつまずきには、痛くないボールを使うこと。安心してプレーできるようになる。

### 技能差の軽減
ボールが弾まず転がりにくいと、止めることが容易になる。また、転がるボールに慣れた子には扱いづらくなり、技能差が縮まる。強く蹴りすぎてもボールが遠くに飛ばないので、コートの中でプレーすることが多くなる。

## プラン2 ルール変更作戦①
## みんながボールに触れて、得点できる！

「ボールが来ない」「○○君が1人でやってつまらない」という子どもの言葉は、「ボールに触りたい」「得点したい」というメッセージです。

ルールを工夫し、**全員に得点の機会を保障することが、子どもの意欲向上や満足感につながります**。また、つまずきをクラスで共有すると、経験者も意識してプレーするようになり、クラス全体で問題を解決する方向に進み、一体感が生まれます。

### ●活躍の場をつくるルール例
① 全員が得点したら、プラスでボーナス点がもらえる。
② 男女によって得点を変える。
　　（例：1ゴール　男子1点、女子3点）
③ どの子もそのゲームでの最初の得点のみ5点とする。
④ 相手チームが1、2人程度を指名し、その子が決めたときのみ高得点とする。

**アドバイス**
● 「全員が得点すると勝てる！」とクラスが考えられるようにすると、活躍の場が保障されやすくなります。
● 1人がどんなに頑張っても取れない点数をルールに組み込むと、みんなが活躍しやすくなります。

## プラン3 ルール変更作戦②
## みんなが活躍できるI型ゴールサッカーを楽しむ

相手が近くにいる状態で、ディフェンスを避け、空いているところを狙ってシュートするのは非常に難しい技術です。そこで、ルールや場を簡単にして、みんなが活躍できるようにしましょう。

### ①オフェンスマンを置く
オフェンスだけを行う選手を置くことで、常に攻撃側の数的優位をつくることができる。

### ②神の手ルール
未経験者や女子は浮いたボールをはたき落としてよいルールを加えると、浮いたボールの技能の負担を軽減することができる。

### ③周りの子も参加
試合に出ていない子は、コートの外でパスを受け、投げてよいことにする。すると、大きく蹴らなくても攻撃のコートにボールを運ぶことができ、活躍のチャンスを増やすことができる。

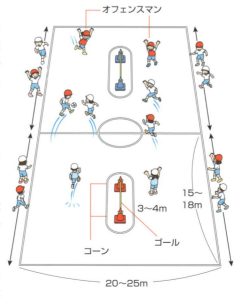

オフェンスマン
3〜4m
コーン
ゴール
15〜18m
20〜25m

**I型ゴールサッカーのルール例**
● チーム人数：6〜8人
● コートの広さ：図を参照
● ゲームの始まり：センターサークルでチーム代表者1人がボールを引き合ってスタート。
● ゴール：コーンを使う。ロングシュートを防ぐためにコートの真ん中に、コーンをI字型に置く。コーンの間は3〜4m。1人でカバーできない大きさがよい。コーンを囲む円には誰も入れない。手を使ったゴールやコートの外からのゴールはなし。
● オフェンスマンの決まり：センターラインを基準に自分が攻めるコートのみでプレーできる。守るコートには入れない。
● コートの周りの子の決まり：範囲内であればボールを手で持って動いてもよい。

参考文献 ●清水 由『小学校体育 写真でわかる運動と指導のポイント ボール』（大修館書店）

5章 ボール運動　ネット型（ソフトバレーボール①）

# ラリーが続かず、ゲームを楽しめていない子

　ソフトバレーボールの特性の1つに、自陣で攻撃を組み立てられるということがあります。ネットを挟んでいるので、相手に邪魔されずに、余裕を持って攻撃することができます。
　しかし、レシーブやトスでボールをコントロールすることができないため三段攻撃が成立せず、サービスでゲームが決まってしまうなど、ゲームを十分に楽しむことができていない現状があります。

 **苦手・つまずきの背景**

　小学生にとって、相手コートから来たボールを思いどおりにレシーブしてつなぎ、トスを上げることはまだまだ難しいものです。
　そこで、レシーブやトスを手でキャッチして行ってもよいことにし、**技術的に難しいところを易しく**します。ボールをコントロールしやすくすることでラリーを続けたり、意図的に中断させたりするための動きを追求しやすくなり、ゲーム自体を楽しむことができます。
　また、攻撃に特化することで、子どもはますますゲームに熱中し、作戦の工夫も広がります。

●学習の見通しを持つ。
●少人数で行うことで、「ボールを持たないときの動き」を明確にする。
●攻撃に特化することで、習得する技術を焦点化する。

## プラン1 キャッチOK 4対4作戦
### お試しゲームで見通しを持つ

バドミントンコートで4対4のお試しゲームをします。あまりラリーが続かなくても子どもは楽しそうにやっていますが、ネット型の特性を生かしたゲームの動きにはなっていません。そこで、

- もっとラリーを続けるためにはどうしたらよいかをチームで考えさせる。
- レシーブとトスをキャッチしてもよいことにし、最終的に4対4のゲームにすることを伝え、攻撃や動きについて考えさせる。

**アドバイス** ▶ 単元前半はラリーを続ける楽しさを味わい、単元後半は攻撃でラリーを中断させる楽しさを味わいます。

## プラン2 2対2で仲間と連係作戦
### 少人数でボールを持たないときの動きを明確に！

三段攻撃の動きを身につけるため、少人数で仲間と連係した動きを確かめます。人数を制限することで「ボールを持たないときの動き」の大切さが明確になります。

① コートを縦半分にして、2対2のミニゲームをする（右図参照）。→相手コートから来たボールを1人がキャッチしても、もう1人がセッターの位置へ動かないと三段攻撃につながらない。2人という人数だからこそ、仲間の動きに合わせて自分も動かなければならないことに気づく。

② スパイクはラリーが続くように山なりのボールで、コースを打ち分けて相手コートに返す。→4対4のゲームになったとき、コントロールしたスパイクにつながる。

③ 「ラリー連続何回」などの目標を持たせ、スパイクのコントロールとレシーブなどの動きを練習する。

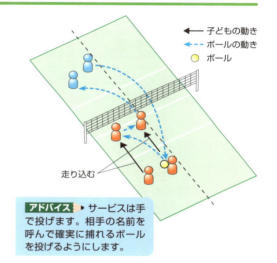

**アドバイス** ▶ サービスは手で投げます。相手の名前を呼んで確実に捕れるボールを投げるようにします。

## プラン3 スパイクしたい！作戦
### 動きのレパートリーを増やし、スパイクにつなげる

3対3、4対4へと人数を増やし、チームの動きのレパートリーを充実させてゲームを楽しみます。それとともに、スパイクの練習を行います。

① ラリーが続くようになると、そのラリーを中断させて得点したくなり、鋭角にスパイクを打つ場面が増えてくる。そこで、ラリーを中断する（攻撃する）ゲームに進む。

② スパイクをどこに打つとよいか話し合い、コーンなどを目印にして練習する（右図参照）。

③ スパイクを鋭角に打ち、攻撃が決まるようになってきたら、ネットの高さを180cmくらいに上げ、ブロックも取り入れると、さらにいろいろな作戦が出てくる。

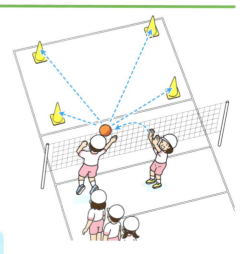

**アドバイス** ▶ セッターは、トスを手で投げ上げたとしても難しいため、セッター役を決めてゲームごとに交代するほうが、動きがスムーズになります。

5章 ボール運動　ネット型（ソフトバレーボール②）

# ルールや状況がわからず、ゲームに参加できない子

「違う！」「何やってるの！」「早く！」——バレーボールの学習で、周りの友だちに責められ、やる気をなくしてしまっている子はいませんか。
　バレーボールは、「スパイクを打って得点を決めたい！」と、みんなが憧れる運動です。しかし、試合を行ってみると、思うようにボールがはじけなかったり、「今、どうして点数が入ったの？」「ボールが来た！ 次、どうするの？」と、ルールや状況が理解できずに失敗してしまったりと、困っている子は少なくありません。

###  苦手・つまずきの背景

　ソフトバレーボールの学習で子どもたちに学ばせたい内容は、テニス、卓球などの運動にもつながる「どこに落とすか」「どう守るか」といったスキルです。しかし、この学習を行うためには、いくつかの壁が存在します。それは、
①空中にあるボールをつないで攻撃するゲームのため、高い技術が求められること。
②ルールを覚えるのに時間がかかること。
③味方でボールをつなぐときに、「自分の役割」や「渡す相手」が状況に応じて変わってしまうこと。
④個人の失敗が、勝敗に直結してしまうこと。
　これらの壁を実態に応じて取り除くことが、子どもたちのつまずきを最小限にし、全員が楽しく参加できる学習につながっていきます。

- 試合で用いる技術やルールを簡易化する。
- 子どもの役割や判断する状況を、シンプルにする。
- 複数チームの合計点で競わせる。

## プラン1 壁スパイク！作戦
# スパイクの技術を身につける！

バレーボールにおけるスパイクの技術は、子どもたちの憧れです。試合で活躍できるように、ミニゲームで力を伸ばします。

### ミニゲーム
「連続得点にチャレンジ！ 壁スパイク！」
- 壁に向かってスパイクを打ち、何回連続で壁の線を越えられるかにチャレンジする。
- おでこより上ではじけたらOK！
- 声かけ：「じゅんびー、パチン」「おでこ上！」

**アドバイス** 子どもの様子に合わせてレベルを上げていき、上のレベルにチャレンジさせます。
- レベル1 両手ではじく（手はまっすぐに）
- レベル2 片手ではじく（ボールの真ん中を）
- レベル3 離れて打つ（遠くから強く）
- レベル4 ジャンプして打つ（同じ所に上げる）

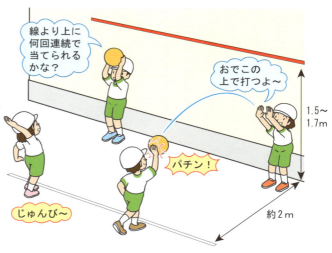

## プラン2 2対2でキャッチバレー作戦
# 少人数のゲームで役割や判断を明確にする

「相手コートから返ってきたボールをキャッチしてもよい」ルールで、全員が試合に参加でき、ネット型の学習内容に迫ることができます。

また、2対2の試合形式にすることで、それぞれの役割や判断する状況が明確になり、子どもたちのつまずきを小さくすることができます。

〈用具〉
- ボール：直径約25cmのよく弾むゴムボール
- ネット：塩ビ管にゴムを張り、ゴミ袋を切って貼る。高さは150〜170cm（ネットから手が出るくらいの高さ。自分たちで決める。）

〈ルール〉
1. サービスは、コート内で下から投げて、相手に捕らせる。
2. 相手コートからのボールは手でキャッチしてもよい。
3. キャッチした人は、もう1人にパスする。
4. パスを渡された人が、おでこの前からトスを上げる。
5. スパイクを打つ。
- 3点決めたら帽子の色を変える。2人が決めたら、ボーナス3点。

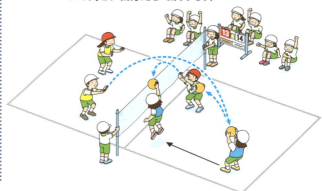

## プラン3 きょうだいチームで一致団結！作戦
# 失敗しても目立たない！

きょうだいチームを設定する。チームの合計得点で勝敗を競わせることで、それぞれのチームが一致団結し、クラスの雰囲気が盛り上がってきます。また、個人の失敗による失点が勝敗を大きく左右してしまわないことから、それぞれが思いきって試合に参加できるようになります。

グループ分けでは、身長の高い子を兄（姉）チーム、低い子を弟（妹）チームにし、身長差が試合結果に大きく反映しないようにします。

**アドバイス** チーム全員でゲームを盛り上げるために、次のようなことができるとさらによいでしょう。
- 「ファイト」コール  ●得点を決めたときのハイタッチ
- 失敗したときの声かけ  ●周りの応援とアドバイス
- チーム名を決める

5章 ボール運動　ベースボール型（ティーボール）

# 技術やルールが難しくて、ゲームを楽しめていない子

　ベースボール型の運動経験がない子は特に、「捕る・投げる・打つ」などに難しさや不安を感じ、ゲームを十分に楽しめていません。また、アウトにするためにどこに投げるのか、塁に出てもアウトカウントや打球の行方によってどう走ったらよいのか迷ってしまう場面もみられます。
　しかし、思いっきり打ったり、連係プレーでランナーの進塁を阻止できたりしたときは爽快です。ベースボール型の楽しみを十分に味わうことは、ボール運動の楽しみを広げることにつながります。

 **苦手・つまずきの背景**

　「投げる・捕る」動作は、経験が少ないと難しい動きです。さらに、ゲームの状況に応じて判断しながら動きを選択する必要があるため、ますます難しさを感じてしまいます。 P104-105 参照
　そこで、ルールをシンプルにすることを心がけます。シンプルにすることで、走る方向や投げる方向が限定され、ゲームを楽しむために必要な技術を絞り込むことができます。また、得点やアウトにする方法もわかりやすくなるため、みんなで協力して作戦を工夫することができ、どの子もゲームにかかわることができるようになります。

 これで解決

- ルールをシンプルにする。
- ゲームに必要な技術を焦点化して練習する。
- 作戦を立てたり、ルールを工夫したりしやすい状況をつくる。

## プラン 1 思いっきりかっとばして気分爽快! 作戦
### 得点とアウトがわかりやすい!

得点すること、アウトにすることをわかりやすくします。ここでは図のようなコートを使ったゲーム「思いっきりかっとばして気分爽快」を紹介します。

〈主なルール〉
- 1チーム5〜8人。
- スリーアウト制ではなく、時間制（1回の攻撃5分程度）にして、全員が攻撃できるようにする。早く回ったら、もう1巡してもよい。
- 攻撃：ティーに置いたボールをバットで打つ。打ったら自分が決めたコーンを回り、ボールより早くホームベースに戻れたら得点。
- 守備：打者がホームに戻る前に、ボールをホームベースに戻せたらアウト。打球をキャッチした人はホームにタッチできない。

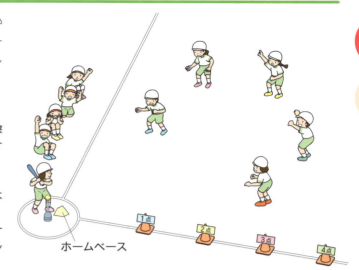

## プラン 2 1点集中型練習作戦
### 必要な技術だけを練習する

プラン1のゲームで、攻撃も守備も、チームに必要な技術に絞り込んで練習します。

〈攻撃〉
- 「遠くへ飛ばすゲーム」など、ゲーム化した練習。
- 「方向性重視」の打球を打つために、目標物を決めて打つ練習。

〈守備〉
- 打球に回り込んでキャッチする練習や後ろにそらさない（打球を止める）練習。
- どの人がホームでキャッチするかなど、連係プレーの練習。
- 長い距離やすばやくホームに返球するための、中継プレーの練習。

**アドバイス** ▶ 遠くへ投げるときは、低い弾道でワンバウンドで返すと、コントロールしやすく、相手も捕りやすくなります。

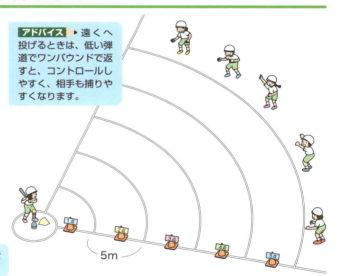

**アドバイス** ▶ あごを引いて、ボールをよく見てバットを強く振らせます。

## プラン 3 いろいろな工夫で楽しい野球! 作戦
### ルールをシンプルにして、みんながかかわる

みんなで作戦を工夫したり、仲間にアドバイスしたりする機会を増やします。
- 打球を判断して、どの得点のコーンまで往復するのかなどアドバイスする。
- バッターの特徴を考慮して、守備隊形を考える。
- 相手の守備隊形を見て、打つ方向を決めたり、フライや低い打球などを選択したりする。

 **応用** 子どもの状況を見ながら、次の例のようにルールを変えていきましょう。
- ラインの角度を広げる。
- ティーかピッチャーか選択制にして、ピッチャーが投げたボールを打ったら得点を2倍にする。
- ピッチャーを味方チームから出して、打ちやすいボールを投げる。

# 「ボール運動」領域の授業をシンプルな学びに

**5章 ボール運動**

　「ボール運動」領域の学習内容は「戦術」であるといわれています。さまざまな考え方がありますが、小学校ではできる限りシンプルにとらえることがよいと考えています。

　クラスの中にはボール運動の経験が少ない子もいて、何を競っているのか、何をどのようにすればいいのかを理解できていない子もいます。そのような子がいる中で難しくて複雑な戦術を学んでも、実際にはできないで終わってしまったり、その意味もわからずに終わってしまったりすることも多いように思います。

　小学校では、ゴール型、ネット型、ベースボール型それぞれに共通する基本的な**戦術局面**を学ばせることで、全員が参加できる体育授業をめざしたいと考えています。それぞれの型の共通する戦術局面を取り出して学ばせることは、子どもたちがこの先に出会うであろうボール運動（スポーツ）の基本的なところは理解できるようにしておくことになり、その子たちが生涯にわたってスポーツに親しむための一助になると考えています。

## ゴール型の学習内容

　ゴール型のボール運動（スポーツ）に共通の**戦術局面**を、次のようにとらえました。

> **序盤局面** 攻撃権を得てから最初の判断をする局面。速攻を出すのか、ゆっくり攻めるのかの判断をする。
> **中盤局面** 相手陣地のシュート可能なエリアまでボールを運ぶ局面。
> **終盤局面** 得点をしようと、より可能性の高い場所でシュートを打つために個人的・組織的に動く局面。

　さまざまなゴール型のボール運動がある中で、小学校期には、どれにも共通する戦術局面を学ばせたいと考えています。子どもたちは共通する戦術局面を学ぶことで、どのゴール型ボール運動（スポーツ）に出会ったときでもそれを活用して動くことができると考えました。

　これらの戦術局面の中で学習内容として適しているのは、**中盤局面**です。中盤局面は、ボールをシュート可能なエリアまで運ぶ局面なので、すべてのゴール型で出現する共通の戦術局面です。終盤局面は、「より得点可能性の高い場所」という点でコートの広さやルール、ゴールの形状によって戦術が大きく変わってきます。シュートする場面なので楽しいところではありますが、種目ごとに戦術が変わるのであれば小学校期の学習内容としては適さないと考えました。序盤局面は、瞬時の判断なので中盤局面を学ぶ中に含めることも可能であると考えています。

　そして、授業でおさえるべき中盤局面のキーワードを学習内容としてシンプルに次のようにとらえました。

> **「前を見て、右と左とお助けマン。」**

　単元を通して教える動きはこの一言に集約されます。意味としては、次の通りです。

① ボールを持ったら「前を見て」走り込んでくる味方を待ちましょう。
② 味方がボールを持ったら、その子の斜め前の「右と左」に走り込みましょう。
③ ボールマンが困ったら、いつでもボールを受けられるように、周りにいて助けられるように「お助けマン」の役割に入りましょう。

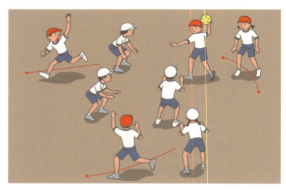

## ネット型の学習内容

　ネット型のボール運動（スポーツ）に共通の戦術局面を、次のようにとらえました。

> **序盤局面** 自陣のスペースと相手からのボールに応じてよりよい状況で攻撃へつなげる防御の局面。
> **中盤局面** より得点の可能性が高い攻撃へつなげるための動きと判断をする局面。
> **終盤局面** 相手コートのスペースを見つけ、ボールを打ち込む攻撃の局面。

　ゴール型と同様に、ネット型のどれにも共通する戦術局面を学ばせたいと考えています。

　これらの戦術局面の中でネット型共通の学習内容とな

キーワード　戦術局面・序盤局面・中盤局面・終盤局面

るのは、**序盤局面**と**終盤局面**です。序盤局面と終盤局面は表裏一体であり、どちらも共通の学習内容として適していると考えました。序盤局面は、自分のコートのスペースを考えて自分や仲間の位置のバランスをとったりブロックなどで相手の攻撃を方向づけたりといった守りの局面です。ボールをコートに落とさないようにするためにはどうすればいいかを考えます。終盤局面は、同時に展開されている攻撃側の局面で、相手コートのスペースへ向けてボールの質に応じた判断と動きを行う局面です。ボールを相手コートへ落とすためにどうすればいいかを考えます。それぞれで状況を考えて判断して動くことが学習内容となります。中盤局面はよりよい攻撃ができるように仲間に安定したボールをつなぐ動きをする局面なので、攻防一体型のテニスや卓球などのスポーツでは少しわかりづらいところです。

そして、単元を通しておさえる内容として、序盤局面と終盤局面の学習内容をシンプルにとらえました。

「守りは、構えとバランス。
そしてカバー。
アタックは、
手前か奥か、右か左か。」

つまり、序盤局面は守りの局面であるため、ボールを落とされないようにするために1人1人が中腰で構えて瞬時に動けるようにすることと、それぞれがコートのどこへ位置しておくとよいのかということです。そして、メンバーを見て必要であればカバーをしてあげることも考えます。

また、終盤局面は攻めの局面であるため、ボールを落とすためには、どこを狙うと落とせる可能性が高いのかを考えます。それは、ネット際の手前なのかコートの奥な

のか、右なのか左なのかを相手の守りの状況を見て判断するということです。

### ベースボール型の学習内容

ベースボール型のボール運動（スポーツ）に共通の戦術局面を、次のようにとらえました。

| **序盤局面** | ボールを飛ばし、安全地帯（ベース）へ出ようとする局面。 |
| **中盤局面** | 自分とボール、安全地帯（ベース）の位置関係を把握し、より有利な位置へ進もうとする局面。 |
| **終盤局面** | 得点圏に味方がいるときに、個人または組織的に得点を果たそうとする局面。 |

ベースボール型も同様に、どの種目にも共通する戦術局面を学ばせたいと考えています。共通となる学習内容は、**中盤局面**です。中盤局面は、飛ばしたボールの距離と自分の走力を比べて、どの安全地帯（ベース）まで行けるかを考えて判断する局面です。終盤局面は、多様な戦術が複雑に絡み合うので、小学校期の内容としてはあまりふさわしくないと考えました。

単元を通しておさえる中盤局面の学習内容をシンプルに次のようにとらえました。

「（ボールを）どこへ飛ばして、
どこまで走るか。」

ボールよりも早く安全地帯（ベース）へたどり着くためにはどのように飛ばせばいいのかを考え、次の安全地帯（ベース）を狙って走るかどうかを判断します。

それぞれの型の学習内容をシンプルにとらえ、最も基本的なこととして学ばせることが、生涯にわたってスポーツに親しむ素地となるのではないでしょうか。（清水 由）

# ボール運動とビジョントレーニング

　マイケル・ジョーダン、おそらくいまだに多くの方にその名前は知られているのではないでしょうか？　バスケットボールの神様ともいわれている彼は、実はADHD（注意欠如多動症→P12、P151参照）という発達障害の診断を受けています。

　ジョーダンといえば「世界一の負けず嫌い」ともいわれているそうですが、ADHDの子というのは、「勝つ」ことに大きな価値を置くことが多いのです。さらに、興味があることや自信があることには非常に粘り強く取り組む、という特徴も持ち合わせています。またADHDの子は、瞬時に目標をとらえる、動いているものを追視する、といった能力に優れている場合が多いともいわれています。これらの特性を指導者がうまく生かすことで、彼らの持ち味は十二分に発揮されるのです。

　ただし一方で、発達障害の子どもは視覚的な問題を抱えているケースもあり、以下のようなことに苦手さを持っている場合があります。

　視機能の問題は、さまざまな調節運動が効率的に行えないことによって起こり、「**屈折異常**」と「**視覚効率の不良**」の2つの側面があります。

　「**屈折異常**」とは、目を通った光が網膜で像を結ばない状態を指します。網膜の手前で像を結べば「近視」、遠くで結べば「遠視」、角膜や水晶体が楕円状になり焦点の合う場所が複数になる状態を「乱視」といいます。

　「**視覚効率の不良**」には、「調節」「両眼視」「眼球運動」、それぞれの困難さが挙げられます。目は遠くにも近くにも焦点を合わせるために、水晶体の厚みを変化させます。この働きを「調節」といい、生後6か月にはほぼ青年期と同様の機能に高まります。

　「両眼視」の困難さについては、左右の目からの情報に偏りがあることが原因としてみられる「複視」や、両目の向きが異なることによる「斜視」、両目を寄せたり離したりすることがスムーズでない「輻輳不全」が挙げられます。また、これらが影響し片目の情報を遮断する処理が継続すると「弱視」となることがあります。

①眼球運動が弱い場合：ボール運動が苦手、ボールなどをすぐに見つけられない

②輻輳が弱い場合：遠近感がとりづらい

③調節が弱い場合：ときどき物がぼけて見える、見る活動で集中力が持続しない

　眼球は、それぞれに6本の筋肉で支えられ動かされる器官です。その筋肉の動きに何らかの問題があると、学習場面での困難につながることがあります。

　同じ場所を見続ける「固視」、指標を追う「追従性眼球運動」、点から点にジャンプする「衝動性眼球運動」などがあり、これらは「**ビジョントレーニング**」でアプローチすることにより、改善を図れる可能性があります。以下に2つの例を挙げてみます。

◆**ゆっくりと動く目標をじっと見る**

　指人形などを子どもの目の前に見せ、左右や上下、斜めや円状に動かしてみましょう。その際に子どもの目が滑らかに追いかけているかを観察します。

　例えば、対象をじっと見続けることが難しい子どもは、同じ場所に眼球をとどめておくことが難しいということが考えられます。じーっと1か所を見ようと思っても、微妙に視点が動くので、対象が揺れるように見えてしまうのかもしれません。

　また、左右に対象を動かし、ちょうど中央部分を通過する際に、眼球の動きががたつく子どももいます。この部分を正中線といい、左目中心から右目中心の情報へ切り替える瞬間に乱れが現れるポイントでもあります。

　この部分で困っている子どもは、不器用であったり、ものさしの目盛りを順番に数えるといった左右の動きが苦手だったりすることが予想されます。

◆**寄り目のチェック**

　私たちに目が2つ備わっている理由の1つに、「奥行き」をとらえる働きが挙げられます。両方の目を寄せたり離したりすることによって、対象との距離をとらえようとしているのです。ボール遊びが苦手な子の場合、両目の寄せが苦手な子がいます。

　トレーニングのしかたとしては、親指を正面に構えて、ゆっくり鼻先へ近づけてみましょう。1本に見えた親指が2つに分かれるポイントがあるので、その直前でしばらく我慢します。子どもであれば、5cm程度まで近づけても指が1本に見えることをめざすとよいと思われます。

　そのほかにもキャッチボールをしたり、ボールをバットで打ったりすることも、有効な遊びです。

（阿部利彦）

# 6章
# 表現運動

# 動きの模倣が苦手な子

　動きの不器用さがみられる子どもの中には、まねっこ遊びを嫌がる子がいます。しかし、発達において、模倣の能力を高めていくことは、とても重要です。
　模倣は、大きく分けると、「音や声の模倣」と「姿勢や動作の模倣」の2種類があります。ここでは、後者の「姿勢や動作の模倣」のつまずきとその解決のポイントを中心に取り上げます。

###  苦手・つまずきの背景

◆ボディイメージ（身体像）が未発達
　自分の体の輪郭を意識することや、四肢の伸ばし具合、力の入れ具合の状態を把握すること、姿勢の軸を感じることなどを総合して「ボディイメージ（身体像）」と呼びます。身体図式（ボディ・シェーマ）と類似の概念です。ボディイメージが未発達なままの状態だと、見本動作どおりに模倣を行うことが難しくなります。また、左右についての指示（例えば「右に移動する」「左手を動かす」など）にすぐに対応できないといったこともよく起こります。

◆子どもの発達段階を考慮せず、
　高すぎる課題を設定している
　大人が設定する姿勢・動作が、子どものつまずきになることもあります。テンポが速すぎる、動作が複雑すぎるなどの要因が関係して、子どもが困っている状態に陥ってしまっていないか確認していく必要があります。

●模倣の内容の難易度を理解し、スモールステップでの指導を大切にする。

## 模倣の発達を踏まえたスモールステップの5原則

### (1) 身体接触型から非接触型へ
「頭、肩、膝、ポン」の歌遊び、手と手を正面で合わせるなど、身体部位に直接触れる動作の模倣は、比較的簡単。運動の終わりがわかりやすいため、静止場面をつくりやすくなる。次第に、非接触型の動作（両手を「前へならえ」の姿勢に保つなど）に移行していくとよい。

### (2) 座位模倣から立位模倣へ
椅子に着席した姿勢で模倣をさせたほうが、立位で模倣させるよりも易しい。これは、姿勢保持の面で安定しやすいことと、モデルとなる人の動きを目で追うときに視線が安定しやすいことが関係している。

### (3) 左右対称模倣から非対称模倣へ
両手を同時に挙げる、両足を同時に開くなどといった左右の手足を同調的に動かす模倣は、左右が別々の動きをする模倣よりも易しい。左右で別々の動作を行う非対称型の模倣は、ボディイメージの発達だけでなく、2つのことを同時に考え続けるだけの「記憶」や「注意」といった認知機能の発達が必要。

### (4) 正中線を越えない模倣から越える模倣へ
右手で左耳を触るなどのように、正中線（体の中央を頭から縦に通る線）を越えるような動きが入ると、模倣は一気に難しくなる。まずは、正中線を越えない動きの模倣から始め、次に片手だけが正中線を越えるような動き、その後、両手が正中線を越える動きや交差がある動きなどのように難易度を上げていく。

### (5) 静止姿勢の模倣から連続動作の模倣へ
静止する姿勢の模倣のほうが、連続動作の模倣よりも早く習得される。ただし、じっとしていることが苦手で多動傾向が見られる子の場合は、静止姿勢のほうが困難であるということもある。

連続動作が全般的に苦手な子どもであっても、大好きなヒーローの変身シーンのような意味を持つ動きの模倣は得意という子がいる。音楽や映像などを用いるとイメージが浮かびやすくなるので、指導の手だてのヒントにするとよい。

---

### プラン1　操作模倣作戦
## 道具を操作しているのを見てまねすることから始める

表現運動やリズムダンスが苦手な子の場合は、ただ体の動きをまねさせようとするよりも、スティックやリボンなど、**持ち手がある道具の操作模倣から始める**とわかりやすいでしょう。

### プラン2　オノマトペ作戦
## 擬音語や擬態語、好きな言葉を使えばできる

「グルグル」や「スーッと」、「ピタッ」などの擬音語は、動作のイメージをより明確なものにします。また、電車が好きな子には、速い動きの場面で「新幹線のように」といった言葉を使ったり、戦隊ヒーローが好きな子であれば「ヘーンシン」といった言葉を使ったりすると、動作の理解が進みます。

参考
- 宇佐川浩『障害児の発達臨床Ⅱ 感覚と運動の高次化による発達臨床の実際』（学苑社）
- 宮口幸治・宮口英樹 編『不器用な子どもたちへの認知作業トレーニング』（三輪書店）
- 川上康則『感覚運動あそび・まねっこあそび解説編』NHK「ストレッチマンV」ホームページ

# 6章 表現運動 　表現②

# 恥ずかしがる子、動き方がわからず戸惑う子

踊ることに恥ずかしさや抵抗感を感じて動きたがらない子がいます。また、「表したい感じを表現してみよう」「イメージのとおりに動いてみよう」と言われても、どのように体を動かしてよいかわからずに戸惑い、動きが止まってしまう子もいます。

互いの違いやよさを生かし合って仲間と共感、交流して踊る楽しさを味わうためにも、恥ずかしさや抵抗感を取り除く工夫は重要です。

##  苦手・つまずきの背景

高学年になると思春期にさしかかり、多くの子どもは人前で踊ることに恥ずかしさや抵抗感を持ちます。そのような気持ちを払拭するために、**「体ほぐしの運動」を取り入れる**ことがポイントです。教師や友だちとさまざまな動きを経験して体をほぐしていくことで、心がしだいにほぐれ、恥ずかしさや抵抗感もほぐれていきます。

また、どのように体を動かして踊ったらよいか戸惑う子の多くは、低・中学年における表現運動の経験が少ないことに原因があります。そのような場合は、**体の動かし方を具体的に示し、経験を積み重ねる**ことも大切なポイントです。

 これで解決

- 恥ずかしさと抵抗感を取り除くために、「体ほぐしの運動」を取り入れる。
- 体の動かし方がわからない子には、具体例を示し、体の動かし方のバリエーションを増やす。
- 言葉かけを工夫して、自信を引き出す。

 ワンポイント
### 表現運動で得られる学び

表現運動は、互いの違いやよさを生かし合って仲間と共感、交流して踊る楽しさを味わえる運動です。恥ずかしさや抵抗感を取り除いて表現ができると、「1人1人が違って当然だ」という多様性を認め合えるようになります。また、互いの違いやよさを取り入れて作品をつくっていくので、協力し合う態度も身についてきます。これらの経験を積むことで、自他の違いやよさを自然に受け入れ、協力し合うようになり、学級に支持的風土ができあがってきます。

## プラン1 きみは新聞紙!? 作戦
### 体ほぐしの運動で、恥ずかしさや抵抗感がなくなる！

子どもは、恥ずかしさや抵抗感があっても「みんなと一緒ならできそう」「動きをまねるだけならやってみよう」と思っています。そこで、**新聞紙を使った体ほぐしの運動**をします。
- 教師が新聞紙をねじる、広げる、丸める、揺らす、投げる、落とす、などと動かし、子どもは新聞紙になりきって体でその動きをする。
- 「ぎゅー」「ぱっ」「ふわふわ」などのオノマトペを活用する。

クラス全体が新聞紙と同じ動きをするので、どの子も自然に体を動かすようになります。 **P125参照**

**アドバイス**▶子どもがあれこれ考えすぎないように、テンポよく新聞紙を動かします。「気がついたらみんなと一緒に動いていた」という雰囲気づくりをめざします。

## プラン2 4つのくずし作戦
### 具体的な動きを知って、たくさんの動きを経験する

題材に対してどのように動いたらよいかわからない子には、次の「4つのくずし」を活用して動き方の視点を示します。

**参考文献**●村田芳子 監修『めざせ！ダンスマスター1 表現・創作ダンス』（岩崎書店）

〈4つのくずし〉
**空間のくずし**（人のいないところへ動く など）
**体のくずし**（ねじる、跳ぶ など）
**リズムのくずし**（すばやく、ゆっくり など）
**かかわりのくずし**（友だちと同じ動きや反対の動き など）

① 単元の初めに「4つのくずし」を体験する（空間→体→リズム→かかわりの順に）。

② 単元の第2時以降に帯時間を設定して、くずしを1つずつ取り上げ、発表し合う。発表後、「私たちの動き」として1つずつ名前をつけ、ボードなどに記入し、共通の動きとして分類して表示する。

③ 毎時間、新しい動きを生み出し、みんなで共有する。

**アドバイス**▶「4つのくずし」は、技能ではなく、体を動かすスイッチとしてとらえます。スイッチが入ることで動きにメリハリが生まれ、即興的な表現につながっていきます。

## プラン3 言葉かけ作戦
### 流れを切らずに、自然に踊り続けられる

**教師の言葉かけも重要**です。かける言葉は、心情面（心身を解きほぐして踊る気持ちにさせる言葉）と動きの面（リズムに乗る言葉・動きを見つけるヒントになる言葉）に分けることができ、これらを組み合わせることで、子どもの動きはより自信に満ちたものになります。

●**心情面の言葉かけ例**
「間違った動きは1つもないよ」「感じたまま思ったままに動いてみよう」「友だちの動きと違ってOK」

●**動きの面の言葉かけ例**
**空間**▶「体育館いっぱいに動いてみよう」「バラバラになったり集まったりしよう」
**リズム**▶「ストップ・早送り・スローなど動く速さを変えてみよう」
**体**▶「指の先まで動かしてみよう」「おへそが動くように、しゃがんだり跳びはねたりしよう」「髪の毛も踊らせよう」
**かかわり**▶「くっついたり離れたりしよう」「手をつないで動いてみよう」「友だちの動きを順番でまねしよう」

指先が伸びていていいね！

**アドバイス**▶「踊る」という言葉自体に恥ずかしさや抵抗を感じる子には、「動きの1つ1つをつなげていこう」と声をかけます。1つ1つの動きをつなげた結果が「踊り」になっていることを実感させると、「踊る」という言葉を自然に受け入れるようになっていきます。

# 表現運動とさまざまな機能

表現運動には、これまで説明してきたラテラリティ、視機能、そして注意機能が関係してきます。

## (1) 表現運動とラテラリティ

言語の左半球優位と利き手の関係は大きく、右利きの人の95％以上は左半球優位、一方、左利きの人は言語機能が片側半球に偏在することが少ないといわれています。

そして認知処理の役割分担として、右大脳半球は、同時的、直感的、全体的な認知処理を、左大脳半球は、継次的、分析的、部分的な認知処理を担当しています。

このように、脳の役割分担ができていると、効率的かつ効果的に学習や運動をすることができます。さらに、左右大脳半球が連絡を取り合うことで、全体の中から部分を分解または抽出することや、部分と部分を組み合わせて全体をとらえるということが可能となります。

## (2) 視機能

私たちは人の動きを追うとき、眼球は上下左右に行ったり来たり、たえず動いています。例えば、文章を滑らかに読んでいくために、文章の中の単語を探し、文の切れ目を判断しているのです。また、行末から次の行頭に向けて正確にジャンプする必要もあります。これらの動きがうまくできないことが、行とばしや逐次読みにつながることもあるようです。そして、ダンスの練習でお手本になる人の動きを注意深く追い続けることもまた難しくなるのです。

眼球を上手にジャンプさせるトレーニングとしては、両手の親指を立て若干開いて構え、リズムに乗せて交互に見ることが最も簡単です。

また、学級みんなで取り組む際は、黒板の四隅にそれぞれ違う番号札などを貼り、先生の指示に合わせてそちらを見るという遊びも面白いと思います。また、かるた遊びや間違い探しなど、子どもたちが楽しんでトレーニングできるものはたくさんあります。

## (3) 注意機能

お手本になる動きを注意深くとらえるのは視機能だけではありません。注意機能も表現運動の学習を支える重要な機能です。注意には「注意の集中」「注意の維持」「注意の転換」「注意の分割」があります。

まず、お手本となる動きについて、手の動きに注意するのか、足の動きに注意するのか、ポイントを絞って注意を集中させなくてはなりません。

次に、表現運動には「流れ」があるので、注意を維持し、相手の動きを追い続けることが必要になります。

さらに、練習中には、友だちの動きから先生の指示へと注意を切り換えなければならない場面も生じます。もちろん、音楽を聞きながら友だちの動きに合わせるときには、注意を同時に機能させる、つまり注意の分割が必要になります。

---

### 注意機能を鍛える活動

- **トントンスリスリ**：片手はグーにしてももをたたき、反対側の手はパーにしてももをさすります。先生の掛け声に従って左右の手を入れ替えます。
- **片手負けじゃんけん**：どちらか一方の手が負けるように、先生の掛け声に合わせて、自分の両手でじゃんけんをします。
- **パッとキャッチ**：子どもは椅子に座り前を向いて待ち、正面に立った先生が柔らかいぬいぐるみなどを子どもの目線の少し上から落とします。子どもは、落ちてくるぬいぐるみをパッと手でキャッチします。

（阿部利彦）

# 7章
# ソーシャルスキル

# ルールを守れない子

体育は、体や動きを介した直接的なコミュニケーションを通して、ソーシャルスキルの成長をうながすことができます。例えば、「精いっぱい」「果敢な挑戦」「克己心」といった努力の継続が自分なりの成長に結びつくことや、「正々堂々」「フェアプレー」といった誠実さとルール遵守の重要性、そして、「仲間」「団結」といった友だちとともに分かち合ったり、成し遂げたりすることの価値を伝えていくことができます。

しかし、その一方で、きちんとした信念や意図を持たないまま指導を行うと、子どもたちのかかわりは中途半端な形で終わってしまいます。ルールを守れない子への指導を考える際には、その子自身のつまずきを考える視点とともに、授業や大人のかかわりを見直すという視点も大切にしていきたいものです。

## 苦手・つまずきの背景

子どもの行動の背景を探るために、右の図のような「氷山モデル」でつまずきを理解します。「ルールを守れない」というソーシャルスキルのつまずきの背景要因には、どんなものがあるのでしょうか？

P14参照

① **衝動性**：自分の思うとおりにやりたいという気持ちを抑えられない。
② **注意機能**：ルールから外れた状態になっていることに気づけない。
③ **記憶**：ルールを理解してはいるが、忘れてしまう。
④ **他者の気持ちの理解**：相手の気持ちを察することや、自分のふるまいがどのように相手に受け取られるかを感じ取ったりする力が弱い。
⑤ **理解**：ルールの内容がよくわかっていない。
⑥ **融通のきかなさ**：思い込みや一度決めた「こうでなければならない」という事柄に固執してしまい、柔軟に対応できない。
⑦ **未学習**：ルールを守ることの大切さを学んだ経験がない。
⑧ **誤学習**：ルールを破っても許される環境があり、それでよいという誤った学習を進めてしまっている。

このようにみていくと、「ルールを守ろうとしない」わけではない場合があることがわかります。

これで解決
● やみくもに叱ったり、手立てが通用しないことを嘆いたりする前に、背景要因を推察し、効果的な指導につなぐようにする。

## プラン1 ほめる&事前の約束作戦
# 約束事を守ったら、何度もほめられる！

（　）内の数字は、対応する背景要因（P130）

■ **ルールをシンプルにし、守られている場面を見つけてほめる**（①②③⑤⑦）

　まずは、シンプルなルールのもとで活動する（「笛の合図で動く―止まる」など）。うまくできている場面を見過ごさず、すぐに評価し、**「ルールを守れる自分」を意識**させる。

■ **ペアになって、交互に行ったり、タイミングをそろえて動いたりする**（①②③④⑤⑦⑧）

● ペアで交互に行う場合

　同じ条件（道具、時間、動ける範囲などを同一にする）で行う。自信がある子どもから先に行うこととし、モデルを示す役割があることを伝える。また、待っているときは、相手がやる気になるような励まし言葉（「きっとできる」など）でアドバイスや応援をすることを伝える。

● ペアでタイミングをそろえて動く場合

　技能レベルが上の子が相手に合わせる。また、うまくできて喜び合うペアを見つけたら、すかさずほめ、全体にも「こういうペアが増えると、もっといいクラスになるね」などと伝える。

■ **グループで意見を出し合うときに、発言時間を同じにする**（④⑤⑥⑦⑧）

　意見がまとまった人から発言するようにする。グループの中心に立ってくれる子は悪気があるわけではなく、頼りになる存在である。まずは責任感の強さやアイデアの豊富さを認める。その一方で、ほかの友だちも意見やアイデアを引き出せるように、**発言時間が同じになるように設定**する。

■ **ゲームに入る前に、ペアやグループでルールを確認する**（①②③⑤⑥）

　ゲームに入る前に、ルールを確認し合う時間を設定する。ここで思い込みや思い違いがないかどうか確認できる。

■ **ルールから外れる行動は、即座に止めて気づかせる**（①②③⑤⑦⑧）

　ルールを守れなくなってから注意するよりも、**ルールから外れた瞬間に全体を止め、「どうすればよかったか」を思い出させる**ようにする。

　周囲で応援している子どもたちの声かけも、「ダメだよ」「違うよ」などといったダメ出しではなく、「ストーップ！」というかかわりになるよう指導しておくと、冷静な気持ちになって考えることができる。

**P148-149 参照**

■ **「今日のフェアプレー賞」を設定する**（①～⑧すべて）

　規律やルールを大切にしようという気持ちを育てるために、フェアプレー賞を設定する。初めは大人が選び、選出の基準を伝える。次第に、子どもどうしで選出し合えるようにする。

# 人のせいにする子

クラスの中には、自分の立場ばかり主張する、相手の気持ちを理解しようとせず強いかかわりを続ける、周りを認めようとしない、といった傾向が強い子がいます。体育の授業においては、うまくできない友だちをからかったり、チーム対抗のゲームで負けたときに人のせいにしたりするような姿が見られます。

「相手の意見もよく聞いて…」といった指導を行っても、なかなか言動を変えようとしません。背景にはどのような要因があるのでしょうか？

## 苦手・つまずきの背景

「自分の立場ばかり主張する」「失敗や負けを人のせいにする」というソーシャルスキルのつまずきの背景には、右のような要因があります。これら複数の要因が絡み合っている場合もあります。

自分を客観視したり、相手の立場に立って考えたりするのは、かなり高度なソーシャルスキルです。人のせいにしたり、自分の立場ばかりを優先させるといった、一見身勝手に思える行動にも、右のような背景要因が潜在していることが理解できると、指導の糸口が見えてきます。

「相手の気持ちを考えなさい」と指示するだけでは、子どもは自分の言動を振り返ることは難しいということがわかります。より具体的に、**「相手はこう考えている」**ということを伝える方法や、**「あなたの行動は周囲にはこう見られている」**ということを、理解できる形で示す工夫を考えていきましょう。

### ① 自分を客観視することの弱さ
「相手からこのように見られているのではないか」といった他者視点が理解できていない。

### ② 場面や状況に合わせた言葉の使い方の未学習や誤学習
相手に対しての強いかかわりが習慣化してしまっている。または、人のせいにすることで自分が優越感を持てるといった誤った経験を積み上げてしまっている。

### ③ 細部へのこだわり
全体状況の理解よりも、細部が気になってしまう。

### ④ 記憶のつまずき
できごとに対して、「きっと○○に違いない」という思い込みや自分に都合のよい解釈を繰り返してしまう。

- 自分の言動に対する相手の気持ちを紙に書き、「見える」形にして伝える。
- ゲームを振り返る言葉を事前に約束しておく。
- 真剣に取り組む姿は認めつつ、指導の工夫を考える。

### プラン1　見える化作戦
## 相手の気持ちが見える！

状況理解力や状況判断力を支えるツールとして、「コミック会話法」（キャロル・グレイ、1994）というものがあります。簡単な絵を描きながら、実際のやりとりの場面を紙上で再現する方法です。漫画の登場人物のように本人を登場させ、その場面での実際の会話を書いたあと、相手の気持ちも書き込んで示します。このようにすれば、**相手の気持ちがその子に「見える」形になり**ます。視覚的な情報は、何度も振り返りができるという効果もあります。

### プラン2　振り返り言葉作戦
## 「自分が○○していたら…」を使う

ゲームを振り返るときは、「アイツが…だったから負けた」と人のせいにするのではなく、「自分が○○していれば勝てた」といった振り返り言葉を使うように、事前に指導します。**トラブルが起きてから叱るのではなく、必ず前もって指導しておく**ことが大切です。

### プラン3　気持ち尊重作戦
## 「勝ちたい」気持ち、「何とかしたい」強い思いは大切

負けや失敗について相手を責める姿は、別の角度から見れば、勝利に向けて挑戦を続ける姿や、真剣な気持ち、グループをけん引して何とかしたいという思いの強さの裏返しであるともいえます。その子の言動をすべて否定的に見るのではなく、**課題に対して真剣に取り組んでいる部分は認める**必要があります。

その子の思いを大切にしつつ、行動面についてはボタンを掛け違えているというスタンスでかかわるようにしましょう。

参考文献
●キャロル・グレイ 著、門眞一郎 訳『コミック会話 自閉症など発達障害のある子どものためのコミュニケーション支援法』（明石書店）
●川上康則『〈発達のつまずき〉から読み解く支援アプローチ』（学苑社）

# 勝ち負けにこだわりが強すぎる子

　勝敗のあるゲームで負けてしまうと、悔しい気持ちを抑えきれずに感情を爆発させてしまう子がいます。ついつい、仲間を責めたり相手の悪口を言ったりしてしまいます。手や足が出てしまうことも少なくありません。

　それだけ真剣にゲームを行っている証拠ともいえますが、これでは仲間とともに楽しく運動していくことはできません。

　子どもにとって、一緒に運動する仲間と折り合いをつけることを学ぶことは、非常に重要です。

##  苦手・つまずきの背景

　勝ち負けに強くこだわるのは、**勝ったり負けたりする経験が不足**しているからと考えられます。多くの経験をしていくことによって、少しずつ顕著な言動はなくなっていきます。

　学校では、社会的な行動がとれるようになることも大事な学習内容の1つです。例えば、ゲームを楽しく行うにはトラブルなくスムーズに進めることが大事で、そのためには、人からずるいと思われるようなことをしないよう気をつける必要があることを、クラスで話し合いながら理解させ、心がけさせます。話し合いの中でそのための具体的な方法を共有化しておくことが大事です。

##  これで解決

- ゲーム前に、予想されるトラブルについて話し合い、その対処法まで決めておく。
- 勝ち負けとは別に、クラス全体の記録向上への貢献という視点を持たせておく。
- あらかじめ、「勝ったとき」「負けたとき」の態度を決めておく。
- できるだけ多く勝敗を決める場面を設け、勝ち負け両方の経験をたくさんさせる。

## プラン1　トラブル予想作戦
## トラブルになったら「じゃんけん」か「やりなおし」

ゲームが始まる前に、起こるであろう**トラブルを予想**しておきます。例えば点数のトラブルであったり、ラインを出た、出ないといったトラブルです。そのようなもめ事が起きた場合にどうするかを子どもたちと相談しながら決めていきます。

## プラン2　「みんながすごい」作戦
## 勝敗とは別に、クラス全体の記録向上をたたえ合う

個人やグループの勝敗とは別に、クラス全体の記録向上への貢献といった視点を持たせます。例えば、短なわ跳びでは、

① グループをつくって、決められた技を跳び、合計タイムや合計回数をリレー形式で競う。

② 1回の競争ごとに個人のタイム（回数）を出し、それを合計して順位をつける。

③ すべてのグループのタイム（回数）を合計して、クラス全体のタイム（回数）として出す。

①と②で上位になったグループや個人を称賛するとともに、③でクラス全体の伸びも称賛することができます。記録が低く、1位になれなくても、記録の伸び幅が大きければ、クラス記録に最も貢献したグループとなることもできます。

仲間と競うことでお互いに伸びることができ、クラス全体が伸びていく（「**みんながすごい**」という）ことを意識して運動することができます。

## プラン3　感情表現＆切り替え作戦
## 勝ったときと負けたときの態度を決めておく

●**勝利の喜び表現**

勝ち負けが決まったときは、すぐに教師が合図をして勝ったときの喜びを一斉に表現するようにします。例えば、「勝ったチームはバンザイをします！　せーの、バンザーイ！」と**喜びを表現する機会を保障**します。

●**負けたときの態度**

同時に、相手がバンザイをしているときの**負けたチームのとるべき態度もあらかじめ決めておく**といいでしょう。例えば、「勝ったチームがバンザイしているときは、負けたチームは拍手ができると素晴らしいですね」と事前に指導しておくのです。

●**すぐに次のゲームへ**

大事なのは、すぐに「次のゲームをします。次のコートへ移動しなさい。準備ができたらすぐ始めますよ」などの言葉をかけ、**気持ちの切り替え**をうながすことです。勝ち負けの経験を多くすることが、強いこだわりや抑えられない感情を抑制することにつながるからです。1回の勝ち負けにこだわって時間をとるよりも、次々とゲームを行ったほうが楽しいことを理解させましょう。

# 結果をずーっと引きずる子

　失敗や結果をずっと引きずる子には、2つのタイプがあります。「対戦相手や結果を出せなかったチームメイトを責め続けるタイプ」と「自分のせいで負けてしまったなどと自分を責め続けるタイプ」です。
　両者のつまずきの背景と共通する事項をヒントに指導していきましょう。

##  苦手・つまずきの背景

### ◆他者をずっと責め続けるタイプ
　このタイプは、勝負そのものに強いこだわりがあり、かつ自分のことを客観的に振り返ることが苦手です。相手に対して攻撃的になる姿は、通常は成長に伴って次第に目立ちにくくなります。しかし、こだわりが強く残る場合もあります。勝つことに対してこだわる気持ちは、学習課題に真剣に取り組んだからこそ生まれます。したがって、決して悪い感情ではありません。問題となるのは、学級や社会で許容される行動ではない形で、気持ちが表出してしまうことです。

### ◆自分をずっと責め続けるタイプ
　このタイプは、運動やスポーツを通した自己肯定感が育っていない子に多く見られます。もともと自尊感情が低く、「どうせ自分なんて…」「何をやってもうまくいきっこないし」という気持ちが強いことも影響します。ソーシャルスキルの指導も確かに大切なのですが、それ以上に、体育の授業の中での成功体験や達成感が重要になります。

### ◆両タイプの共通点とは？
　2つのタイプに共通しているのは「記憶力のよさ」です。記憶力は、ときにマイナスに作用する場合があり、ネガティブな記憶が残るとなかなか忘れられないことがあります。それゆえ、いつまでもこだわってしまったり、気持ちの切り替えが難しかったりといった状態が続きます。結果を大切にすること自体は悪いことではありませんが、結果のマイナス面に固執しすぎることは好ましいとはいえません。むしろ、次に向かうエネルギーとして、結果を活用することが大切です。

- ●勝ったときと負けたときの態度を練習しておく。
- ●子どもどうしがかかわり合う場面を、日々の授業に取り入れる。

## プラン1 喜び・悔しさ表現作戦
### 勝ったとき、負けたときの態度を練習しておく

「次に向かうエネルギーとして結果を活用する」ために、「勝ったときの上手な喜び方」や「負けたときの上手な悔しがり方」を丁寧に教え、ゲームを始める前などに全員で練習しておくようにします。　P135参照

●勝ったときの上手な喜び方を教える

①「やったー」「よし！」「勝ったぞ」など、声に出せるのは1回だけにする。
②その場だけで喜びに浸り、授業後はそれにこだわらないようにする。
③相手の健闘をたたえ、相手がいたからこそ勝負ができたことを感謝するようにする。

●負けたときの上手な悔しがり方を教える

①「次こそは」「今度こそは」など、自分（たち）を奮い立たせる言葉を使うようにする。
②振り返るときは、「アイツのせいで…」と人のせいにするのではなく、「自分が○○していれば勝てたかも」という言葉を使うようにする。
③「しかたない」「きっと相手のほうが練習したはずだ」という切り替え言葉を使うようにする。　P133参照

## プラン2 かかわり合い創出作戦
### 子どもどうしのかかわり合いが、日々の授業にある

学習指導案の子どもの学習活動の欄に、子どもどうしの「かかわり」を意識的に取り入れてみましょう。ソーシャルスキルは、特別な指導で育てるのではなく、日々の何気ないやりとりを通して培われるものだからです。

子どもたちのかかわりをより深めるためのポイントは、次の2点です。
①事前にどの場面でかかわらせるかを計画しておく。
②運動が苦手な子もかかわれるように、ポイントを絞って学習させる。

特に、「○○ができているかどうか」など、具体的に視認できるようなポイントに絞ります。そうすることで運動に苦手意識がある子も自分の動きを意識することができ、話し合いにも積極的に参加できるようになります。

体育の授業の特性を生かせば、右のようなかかわりの場面を設定することが可能です。　P139参照

**子どもどうしが"かかわる"活動場面の設定**

**応援の活動**　P149参照
・友だちの応援で普段以上のパフォーマンスを発揮できることがある。
・友だちに見られることで、適度な緊張感が生まれる。
・応援した子が成果を上げたときに、自分の応援の影響のような気持ちになる。

**補助の活動**　P51,53参照
・直接的に友だちの体を支えることで、一体感や互いの信頼関係が生まれる。
・「1人では難しいことも、誰かに支えてもらえればできる！」というサポート受け入れスキルが育つ。

**タイミングの指摘、口伴奏**　P57参照
・周囲の友だちが、言葉で拍子をつけたり、リズムやタイミングを指摘したりすることで、ポイントを意識して動くことができる。
・合言葉のように共通言語として共有され、よい雰囲気が生まれる。

**気づきにくいポイントへの意識**
運動を見る視点を1つか2つに限定し、どのようになっているかを指摘し合うことで、気づきにくい動きのポイントを意識することができる。

参考文献　●清水 由『シンプルで子どもが伸びる体育の授業づくり』（明治図書出版）

# 自己肯定感が低い子

体育の授業で、「えぇ〜。前の学年でもできなかったし、どうせできないよ…」、「上手な子がたくさん点をとって、私は何もできないし…」と活動に消極的な面を見せる子がいます。

例えば、器械運動で、ほかの子は技に挑戦しているのに、壁際にポツンと立っていて技に挑戦していなかったり、ボール運動でチームの動きになんとなくついていっているけれど、積極的にボールに触れていなかったりします。クラスの学習意欲の低下やその子に対する不満が高まってしまう心配があります。

## 苦手・つまずきの背景

これまでの学習で、**自分ができたという気持ちを持てなかったこと**や、**周りから認められる場面が少なかった**ことが原因の1つとして考えられます。そのため、子どもたちの実態を考えたうえで、全員が、**「技ができた」「得点できた」**と思えるように計画していきます。また、子どもたち全員に達成させたい内容が適切であるかどうか確認する必要があります。

スモールステップや身につけさせたい内容を適切に設定することで、子どもたちは成功体験を得られる機会が増えていきます。さらに、ペアやグループ学習と結びつけることで、子どもたちどうしが認め合う機会も多くなります。

これで解決

- スモールステップで成功体験を積み重ねる。
- 身につけさせたい内容を適切・明確にする。
- ペアやグループで認め合う機会を作り、自己有能感や自己有用感を高め合う。

## プラン1 スモールステップ作戦
### 「できた！」経験から授業が始まる

　学習の初めは易しい場を設定し、子どもたちの「できた！」経験から単元をスタートできるようにします。まず、全員が到達できそうな目標を子どもたちに伝えましょう。もちろん、その先のステップも明確にする必要がありますが、「できた！」の具体的な姿を絵や動きで伝えていくことは、子どもたちが前向きに学習できる1つの方法です。

　また、身につけさせたい内容を教師が適切に理解しておくことで、声かけも的確になります。

【例】
- ●マット運動　マット1枚で前転→マットを重ねていって、前転→跳び箱を使って前転
- ●跳び箱運動・開脚跳び　腕で体重を支え、体をぶつけずに越す
- ●跳び箱運動・はね跳び　着手後、体を反らし、背面をぶつけずに着地する

## プラン2 励まし合い作戦
### ペアやグループで認め合う

　個人での活動になりがちな運動でも、ペアやグループで活動する場面をつくり、教師の励ましだけでなく、子どもたちどうしで励まし、認め合うことのできる学習を設けていきましょう。

●体つくり運動で仲間と喜び合う体験をしておく

　例えば、手をつないで立ち上がる活動で、相手の様子を見て自分の動きを考えたり、どうすればできるか相談したりする場面を設定する。だんだんできるようになっていく活動のため、うまくいったときに「やった！」とペアやグループで喜び合う姿がたくさん見られる。初めに喜び方を決めておいてもよい。　**P135、137参照**

〈手をつないで立ち上がる活動〉
①全員で輪になって、手を握るのを伝えていく。
②体育座りから、手をつないで立ち上がる。
③タイムを計り、早くなったら喜ぶ。
④「2人で→4人で→8人で…」と、人数を増やしていく。

**アドバイス**　4人からは、つなぐ手を交差させると、立ち上がりやすくなります。

●グループで役割分担をしてアドバイスし合う

　下の図のようにグループで学習するときの位置を分担する。そして、「②の位置では着手を見る（必要であれば補助）」など、役割を明確にしておく。アドバイスする内容が絞られるので、動きがすでにできている子も、まだできていない子も、そのポイントについて話し合うことができる。

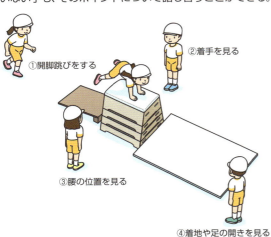

①開脚跳びをする
②着手を見る
③腰の位置を見る
④着地や足の開きを見る

● グループで「振り返りワークシート」を使う

　スモールステップを示したワークシートにグループの仲間が確認できる欄を設ける。「着いた手が目印を越えているか」など具体的なポイントを示し、○を記入できるようにする。

●振り返りワークシート

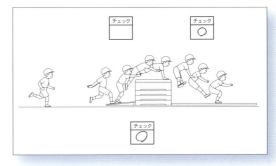

**アドバイス**　お互いにできた点を認め合い、印をつけることで、次の授業への意欲が高まる会話も聞こえてきます。

7章 ソーシャルスキル　自己有能感／自己有用感

# 動き方がわからず、迷惑をかけていると悩む子

　ボール運動は、楽しめる子とそうでない子が分かれやすい領域の1つです。
　ボール運動に慣れている子は、「あっちに動くといいよ！」や「もっと強く打つと入るよ！」と積極的に周りに声をかけます。しかし、苦手な子は「よくわからない！」「先生、どう動くの？」と、積極的に授業に参加できません。あまり積極的でないことからチームの雰囲気も悪くなり、けんかが起きることもあります。

 **苦手・つまずきの背景**

　運動に混乱したり、動けなかったりする子は、学年が上がるにつれて減っていきます。しかし、ボール運動ではそのような子があまり減らない場合もあります。
　また、体のどの部分を動かしているかをイメージしにくい子にとって、ボールや複雑に変化する状況に合わせて活動することは困難です。

 これで解決

- 人の動きをまねすることで、体の動かし方のイメージをつかむ。
- 個別に、動きを理解するための場面をつくる。
- 友だちと認め合う機会をつくり、自己有能感や自己有用感を高め合う。

## プラン1　ミラーゲーム作戦
### 友だちや先生のまねをして、体の動きのイメージをつかむ

友だちや教師の動きと同じように動くゲームです。ウォーミングアップなどで行い、動きはできるだけ細かい所までまねさせるようにします。体のどの部分を動かしているのかを意識させることが重要です。

① 慣れてくるまでは、手や足などの部位を1つに限定して行うと混乱しにくい。
② 慣れてきたら、ゆっくりとした動きをまねするようにする。
③ 次に、動きを少し速くしたり、人数を増やしたりして行う。

**アドバイス** ▶ このゲームでは、子どもの動きが細部までチェックできます。また、ペアで行うと自分たちのペースで行うことができます。

P124-125 参照

## プラン2　個別＆友だちとのかかわり作戦
### 事前確認から振り返りの場面で、動き方を知る

動きがわからない子にとって、全体指導だけではうまくいかないこともあり、個別に事前確認などをする必要があります。また、友だちとのかかわりの中で動きを知ることも大切です。

① 〈事前〉意味を考える
　動きの必要性や効果を説明する。1つのことにポイントを絞って具体的に行う。図や絵で、視覚的に説明するとわかりやすい。

② 〈授業前半〉正しい動きを知る
　うまくいかなかった点を大げさに見せる。そのあと、どうすればよいか、子どもに意見を出させ、手本となる動きを示す。

③ 〈授業中盤〉練習する
　学んだことを友だちや教師相手に練習する。ボール運動で人数や状況を絞り込んで練習を重ねるのは効果的。

**アドバイス** ▶ 守備側の人数は攻撃側より少なくします。また、最初は教師と一緒に動くことも効果的です。

④ 〈事後〉振り返り
　動きを振り返るようにする。肯定的な言葉で具体的に伝えるとよい。肩や頭に触れながらほめると効果的。

**応用** ボールを持たないときの動きなど、同じ型のスポーツの動きに応用していきましょう。

**アドバイス** ▶ 子どもにとって教師にほめられることはうれしいことですが、友だちからほめられることは、それ以上に大きな影響があります。しかし、子どもどうしの信頼関係がない状態では、逆に否定的な働きかけが起こってしまうこともあるので注意しましょう。

**参考文献** ● 上野一彦 監修／岡田智・森村美和子・中村敏秀『特別支援教育をサポートする 図解よくわかる ソーシャルスキルトレーニング（SST）実例集』（ナツメ社）

# 体育の授業で「ソーシャルスキルトレーニング」

体育の授業では、ルールや勝ち負けをめぐって児童が責め合うような場面もみられます。そんなときに、譲り合ったり、許し合ったり、謝ったりすることができるかどうか、このような指導も体育の中で重要な要素であると考えます。

「謝る」という行動だけでなく、エールを送る、アドバイスする、などの行動は、いわゆるソーシャルスキルと関連しています。ソーシャルスキルとは「社会の中で他人と交わり、共に生活していくために必要な能力」のことです。

ソーシャルスキルには、ほかにも「気持ちをうまく伝えること」や「相手の言葉をしっかり受けとめること」「うまくトラブルを回避しながら自己主張をすること」など、さまざまなものがあります。私たち大人は、それらを日常的に自然に行うことができます。決して、誰かにさせられているのではなく、持っているスキルを自己判断で使いこなしているのです。それによって、社会の一員として他者とかかわり、生活していくことができているわけです。

従来は、ソーシャルスキルは自然に身につくものとみなされていましたが、昨今では、扱う時間を設定し丁寧な指導をしていかないと、子どもたちがソーシャルスキルを獲得しにくいといわれています。

したがって、教育現場でソーシャルスキルトレーニング（以下SSTと略す）は大変重要視されるようになりました。SSTとは、いわば人間関係のスキルを体験的に学ぶやり方です。最近は特別支援学級などの個別の場面だけでなく、通常の学級全体の中で学ぶ効果が報告されています。

**育成したい6つのソーシャルスキル**
①あいさつに関するスキル
②自己認知スキル
③相互理解のための言葉・表現スキル
④相互理解やセルフコントロールのための気持ち認知スキル
⑤セルフマネジメントスキル
⑥コミュニケーションスキル

（U-SSTソーシャルスキルワーク/日本標準）

SSTを活用すれば、対人関係のトラブルを回避し、集団場面でのストレスを軽減でき、相手との交流を通じて成長できる力が育ちます。SSTで学ぶうちに「この相手に納得してもらうにはどう言ったらいいかな」「けんかしないで、伝えるにはどうしたらいいかな」という考え方ができるようになるので、総合的な人間力が育っていくというわけです。

さて、SSTには以下のような手続きがあります。
①教示：どうしてそのスキルをしないといけないか伝える
②モデリング、やってみせる：指導者が望ましい行動のモデルをみせる
③リハーサル、させてみる：子どもにその行動のリハーサルを実際にさせてみて、うまくいったかどうかをフィードバックする
④強化：実際に行動したらよい結果をうんだことで、次もしようという気持ちにつなげる
⑤般化：違う時、違う場面でもその行動が定着するよう配慮する

さて、一部に、SSTは特別なことという誤解もあるようですが、実は優れた先生はすでに授業で、学活で、行事でSSTを実践されています。そう、いつものクラスがすでにSSTの場になっているのです。特に体育という授業は、子どもが感情的になることも多いので、絶好のSSTタイムなのです。

では、体育の場面でどのような形でSSTを導入できるのでしょうか？　例えば、運動場の総合遊具を使い、サーキット運動で準備運動をすることがありますが、ここで「ペア」活動を使います。1人が行うのをもう1人が見ていて「今跳ぶよ！」といったタイミングの声かけや、「もうちょっと！頑張れ！」という応援をするのです。すると苦手な子どもも、ポイントを意識することができ、頑張ることもできます。

ペアで行うようにすると「馬跳び」とか、「股くぐり」といった、相手に少し触れる準備運動も、自然に取り入れられます。こういう運動を用いて、距離感や感覚の苦手さにもアプローチできると思います。

（阿部利彦）

# 8章
# 体力テスト
# 運動会
# 応　援

# 順番を待っていられない子、行い方がわからない子

　体力テストを行うとき、ほかの子が実施しているのを待っていられなかったり、実施方法をなかなか理解できなかったりする場面が見られます。

　体力テストは、全校の子どもたちを対象に同日一斉に実施する学校も多いようです。これはすなわち、クラスごとの対応ではなく、学校全体で、支援を必要とする子どもたちの実態に合わせた場の設定を行わなければならないということでもあります。

 **苦手・つまずきの背景**

　実施環境の違いなどによってさまざまな要因が考えられます。ここでは行動面と実技面のつまずきについて、それぞれ工夫できるポイントを紹介します。

 **これで解決**

- 行動面のつまずきには、座る場所や並ぶ場所を視覚的に示すなど、場の設定を工夫する。
- 実技面のつまずきには、順番を待つ時間を利用して、ポイントを絞って練習しておく。

 **プラン1　場の設定工夫作戦**
## 並ぶ場所が目でわかり、次に動く場所も予測できる

次のような工夫で、並ぶ場所を視覚的に示したり、次に動く場所の見通しを持たせたりします。

● 待っていられない、ほかの子にちょっかいを出してしまう子には
- ☐ フープなどで、座る場所を視覚的に示す。
- ☐ 足型を書いた紙を列になるように等間隔に置き、立ち位置の目印にする（テープで固定しておくとよい）。
- ☐ 平均台や跳び箱などで簡易の椅子をつくる（座ると行動が落ち着くことが多い）。
- ☐ 前の人の回数を読み上げる、前の人が終わったら拍手をするなどの活動場面を設定する。

● 記録用紙などをなくしてしまう子には
- ☐ 「首にかけられるひも付きクリップボード」に、記録用紙と筆記用具をつけて移動する。

- ☐ 各種目の場ごとにスーパーの買い物かごのようなものを置き、移動してきたらその中に記録用紙や用具を入れておくように指導する。
- ☐ ペアで回る際に、互いに声をかけ合ってダブルチェックをするよう指導する。

● 次にどこに行けばよいのか、わからなくなってしまう子には
- ☐ 各種目の表示を番号にする。
- ☐ チェック欄のついた「手順表」を携帯させ、見通しを持たせるようにする。
- ☐ グループで移動する。

## プラン2 待ち時間に練習作戦
# 待ち時間を使ってポイントを絞った練習をする

各種目の待ち時間に、ポイントを絞った練習をしておくと実施がスムーズになります。また、**待てない子もそこにとどまるようになります。**

●**握力**
・握力計を強く握ることがよくわからない子の場合、「新聞紙丸め」で握り込むことを教える。

・握力計を握るときに肘が曲がってしまう子の場合、「タオルの両手巻き」で肘を伸ばすことを教える。

●**上体起こし**
・肥満傾向があるなどして起き上がるのが難しい子の場合、実施手順どおりに両肘と両ももが着くまで上体を起こすのは困難。そこで、首から肩までを浮かせることを目標とする。

教師が子どもの顔の前に本などを持ち、「本に額が着くように上体を起こそう」伝える。

●**長座体前屈**
・ハンカチやタオル、体育帽などを両手で持ち、自分の足の上をスライドさせて送り出す動きを練習する。

●**反復横跳び**
・サイドステップを指導しておく。　P33参照

●**20mシャトルラン**
・コーンとコーンバーを設置した練習ゾーンを設け、コーンバーに触れながらラインを確実に踏む。

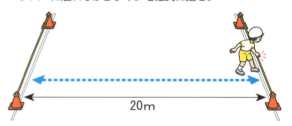

●**50m走**
・腕振りを指導しておく。

●**立ち幅跳び**
・台への両足跳び乗りや台からの両足跳び下りで、腕の振り方、膝の使い方などを練習しておく。

●**ソフトボール投げ**
・肩の交互回しを練習する。

立ったまま指先を肩に軽く着け、肩を交互に回す。

参考文献　●笹田 哲『気になる子どものできた！が増える 体育指導アラカルト』（中央法規出版）

# 運動会シーズンになると不安が強くなる子

運動会は、誰もが楽しみにしているわけではありません。運動会シーズンになると不安が極端に強くなる子もいます。「運動会なんて嫌い！」と話す子の不安の背景には、体を動かすこと自体への苦手意識もあれば、失敗への不安感もあります。また、運動会特有の嫌悪刺激のため運動会を楽しめない子もいます。「ちょっと練習すればできるようになる」とか「ちょっと我慢すればいいだけなのでは？」というのは、気持ちに余裕がある側の論理。運動会を憂鬱に感じる子のつまずきの背景を理解し、少しでも楽しめるように工夫しましょう。

##  苦手・つまずきの背景

### ◆体を動かすこと自体への苦手意識

「体育が嫌い、苦手」という子や、注目されたり目立ったりすることが苦手な子は、大勢の観衆の前で自分のできない部分を披露しなければならないことに強い不安を抱いています。個人競技では、負けることや失敗をからかわれたり、笑われたりするのではないかという緊張感が強くなります。集団競技では「自分のせいで負けた」と責められるのではないかなどの警戒心が強くなります。

### ◆失敗への不安＝「失敗恐怖（敗北恐怖）」

失敗を警戒して行動しなくなってしまうことを「失敗恐怖（または敗北恐怖）」といいます。まじめで几帳面なところがあると、ミスを笑ってごまかすことがなかなかできません。自尊感情が低い場合は、「どうせちゃんとできないのならば、最初からやらないほうがマシだ」という考えを抱きがちです。

### ◆ピストル音や大歓声が苦手＝「聴覚過敏」

運動会特有の嫌悪感の強い刺激の代表格といえば、ピストル音です。このピストル音が極端に苦手な子がいます。大人からすれば、ピストル音は、運動会の雰囲気を出すための効果音的な役割なのかもしれませんが、そのようには受け入れられず、耳を塞いで動けなくなってしまうことがあります。このような状態を「聴覚過敏（または聴覚防衛反応）」と呼びます。「大きな歓声が苦手」という場合も、聴覚過敏の可能性があります。

- 成果以上に、全力を尽くしたことを認める。
- ピストルでなく、金属製の長管ホイッスルなどを使う。

 「運動会嫌いは簡単に治せるもの」ではありません。苦手さの背景を理解し、それらを少しでも軽減する工夫を考えていくことから始めましょう。

## プラン1　努力を評価作戦
### 成果以上に「やり切った」「100％力を出し切った」などの努力が認められる

練習のときから、勝つことや上手に演じること以上に個々の努力を認める言葉かけを大切にします。例えば、「やり切ったね！」「持っている力を100％出し切ったね」など全力を尽くしたことを評価するようにします。また、「今までは途中で諦めていたけれど、今日は諦めなかった」などのように、心の成長を認めることも気持ちを前向きにします。

## プラン2　ピストルは使わない！作戦
### 金属製の長管ホイッスルで安心

最近では小学校や中学校の運動会で、「1人でもピストル音が苦手な子がいれば使わないようにする」という対応をとる学校が増えてきています。聴覚過敏は、根性や気合いや慣れで乗り越えられるものではありません。運動会は、教師のピストル音へのこだわりを押しつける場ではなく、苦手な子も安心して参加できるイベントであるべきです。

ピストルの使用をやめ、「よーい、ドン」というかけ声や、優しい音のホイッスル（金属製の長管ホイッスルは受け入れやすい）の使用などを考えるようにしましょう。

 **ワンポイント　聴覚過敏（聴覚防衛反応）**

聴覚防衛反応は、必要な音だけを拾い、そうでない音を聞き流すといった聴覚情報処理の能力に障害があり、日常で聞こえる音をすべて拾ってしまうために嫌悪感を引き起こすのではないかといわれています。

運動会のシーズンは特に慎重な配慮が必要で、ピストルに対する不安から練習に参加できなかったり、ひどいときには学校に行けなくなったりします。単に音が苦手というだけでなく、結果的に自律神経系の症状（どうき、発汗、過呼吸など）、精神症状（落ち着かない、拒否や逃避などの防衛的な反応が強く出るなど）、身体症状（体の震え、動けないなど）への影響が大きくなるということを理解しなければなりません。

**聴覚防衛反応を助長する音の種類**
- **破裂音**：風船（音だけでなく風船を見るのも嫌ということも）、ピストル
- **風切り音**：クーラーの吹き出し、換気扇、窓やドアの隙間風
- **大声**：赤ちゃんの泣き声、ほかの子が大声で叱られている場面、突然の大歓声
- **高周波音**：キーンという金属音
- **自然界にない音**：黒板に爪を立ててひっかく

# 仲間にきつい言葉をかけてしまう子

　ボール運動などで応援をしている子の言葉をよく聞いていると、ネガティブな声かけをしている子がいます。「何やってんだよ！」「動けよ、動け！」「ふざけるな！　まじめにやれよ！」といったような声です。

　言われている子は「どうしたらいいかわからない…」「怖いな…」「まじめにやってるんだけど…」と思っています。動いても動かなくても大きな声で怒鳴られるので、コートの隅で目立たないようにして「ボールが来ませんように…」と願うしかありません。

###  苦手・つまずきの背景

　ネガティブな声かけをする子は、だいたい技能的に自信のある子が多く、言われる子は逆に自信のない子が多いようです。自信のない子がそんな言われ方をすると萎縮してしまい、ますます動けなくなってしまいます。また、声をかける子は「ゲームに勝ちたい」という思いが強くてついつい言ってしまうことが多いようです。

　互いの思いに気づき、声のかけ方や、内容をどのようなものにしていくとチームのためになるのかを理解させましょう。**けなす言葉かけから励ます応援、そして学びの応援につなげていく**ことが大切です。

### これで解決

- 「勝ちたい」という思いと、「どう動いていいかわからない」という思いを相互理解させ、チームのために何をすればよいのかを考えさせる。
- かける言葉の中に学習内容を入れるようにする。
- みんなからの応援で適度な緊張感を持たせる。

## プラン1　思いやり作戦
### 互いの思いを理解する

　技能的に自信のある子は、自信のない子が動けないことを理解できません。動けないのは「まじめにやっていない」だけであり、「ボールを追いかけることは誰にでもできるのに、本気で追いかけようとしていない」と思っています。一方、動けない子は、ボールを触っても触らなくても怒られると思い、どうしたらよいかわからず、結果として動けないでいるのです。

① 自信のある子に、**きちんと冷静に言葉で説明してあげないとチームの仲間が上手にならない**ことを伝え、理解させる。強い語気によって**仲間が萎縮してしまうのは、チームにとってマイナスでしかない**ことに気づかせる。チームとしては、上手でなくても萎縮しないで動けたほうがメリットがある。

② 失敗することを認めて**気持ちを切り替えさせる言葉がけを行う**ように指導する。「気にしなくていいから、次、頑張ろう！」といったような言葉や「ドンマイ！」の一言でもよい。

③ 自信がなくて動けない子には、**具体的な動きを教える**。「ボールが目の前に来たらとにかく持つ」「ボールを持ったら前を見て味方を探す」など。少しでもできたら大きな声で「そうだよ。それでいい！」とほめて、チームの仲間からも同じような声をかけさせる。

## プラン2　運動のポイント応援作戦
### 応援の言葉の中身を学習内容（運動のポイント）に

　応援している子の中には、「頑張れ～！」しか言えない子がいます。声をかけられる子は、励ましの声をかけられて「うれしい」と思うかもしれませんが、何を頑張るのかがはっきりしません。
　**運動にはポイントがあり、それを意識しながら運動することが体育の授業の学びとなり、できるようになります。** しかし、いざ運動をし始めると直前に確認した運動のポイントを忘れてしまうことも多いのです。そのときにほかの子から意識しなければならないポイントについて声をかけられることで思い出すことができます。

**アドバイス**　すべての運動で学習内容にかかわる応援ができるようにしたいものです。例えば、長なわ跳びで入るタイミングを学ばせたいときに「入って～、ジャンプ、入って～、ジャンプ…」とリズムと声かけを同調させることで、タイミングと動きを同時に学ぶことができます。

## プラン3　応援で「できた！」作戦
### 応援によって適度な緊張感を持つ

　器械運動などでは、授業の中でもう少しでできそうな子が出てきます。そういった子は、1人あるいは小グループの中で運動しているときにはできなくても、クラス全員の前で挑戦するとできてしまうことがあります。みんなに見られている、応援されているということから**適度な緊張感が生まれ、普段以上の力が発揮できる**のです。特に、鉄棒運動や跳び箱運動などは、運動の成否がわかりやすいので、応援の力でできるようにさせるにはちょうどいい運動です。
　また、一度もできたことのない子がクラス全員の応援の力でできるようになると、クラス集団としての凝集性も高まってよい雰囲気になります。応援した側にとっても、大きな声でタイミングよく声をかけてできるようになってくれると、**自分たちの力でできるようにさせた感覚になる**のです。

●緊張感を持たせる応援のための言葉かけ（例）
　「○○くんは、まだ一度もできていないのだけど、本当にあとちょっとのところでできるんだよね。みんなの力でできるようにさせてほしい。応援してあげよう」などと言って全員の前で挑戦させる。

**アドバイス**　本人が嫌がるようであれば無理にさせる必要はありません。

## おわりに　体育と発達障害　子どもの特性を踏まえて

## 発達障害の子どもたちの「生きにくさ」

　ハリウッド・スターにも発達障害をカミングアウトしている方は多く、例えば、「ハリー・ポッター」シリーズの主役、ハリーを演じたダニエル・ラドクリフは、発達性協調運動障害（Developmental Coordination Disorder）という診断を受けたと告白しています。発達性協調運動障害は、スポーツが苦手という以外にも、物をよく落とす、不器用、書字が苦手、などの特性があります。不注意を伴い、ADHD（注意欠如多動症）と合併する場合もあるようです。ラドクリフさんは、「学校では全部だめ。きれいな字が書けず、靴ひももも結べなかった。うまくできることが何もなくて、つらかった」と後に語っています。

　文部科学省が、2012年に全国の公立の小・中学校に行った調査によると、15人に1人が、知的な遅れはないものの、学習面か行動面で著しい困難があると認められています。この子たちがすべて「発達障害」と診断されているというわけではありませんが、発達障害があるか、またはそれに近い特性のある子どもが、クラスに2、3人はいることになります。

　こうした子どもたちは、典型発達の子どもたちが多くを占める「保育園」「幼稚園」「学校」では、行動、言動、運動、学習面で異なる面が目立ち、その結果、先生にいつも叱られたり、クラスで浮いてしまったりと、生きにくさをたくさん抱えてしまいます。先ほど述べた、ラドクリフさんもしかりです。

　彼らは、周囲から否定され続け、失敗体験や自己否定感を重ねてしまいます。そのうち、その子本来の輝きを失ってしまうばかりか、不登校や非行問題行動といった、いわゆる「二次障害」につながってしまうケースもあるのです。

　ですから、子どもたちの特性を踏まえたうえで、彼らの自己肯定感やプライドを傷つけないような指導を心がけることが肝要だといえます。

　それでは、通常学級に在籍する子どもの中に見受けられる、発達障害の主な3つのタイプについてみていきましょう。なお、子どもによっては、複数のタイプの特徴がみられる場合もあります。

## 1　自閉スペクトラム症の子どもの理解

**対人関係のつまずき**

　自閉スペクトラム症の子どもたちの多くは、ノンバーバル（言葉を使わない）コミュニケーションに課題があります。そのため、相手の喜怒哀楽の感情を読み取りにくく、場の空気を読むことも苦手です。また、本人に悪気がなくても、場にそぐわない言動や相手が傷つくような発言をして、友人関係などでトラブルになることがあります。

**感覚過敏などのさまざまな困難**

　さまざまな感覚過敏がある子どもも多く、例えば周囲のすべての音を敏感に拾ってしまう子、においや食感に敏感すぎて極度の偏食の子、触覚が過敏すぎる子など、いろいろなタイプが見られます。彼らは典型発達の子どもに比べ、より多くのストレスを感じています。

　さらに、動き方に独特のぎこちなさがあったり、姿勢が悪かったり、手先が不器用だったりする子も中には見受けられます。

**適応している環境では能力を発揮できる**

　自閉スペクトラム症の子どもたちは、一定の法則や決まったスタイルに安心できる特性を持っています。時としてそれは「こだわりが強い」「融通がきかない」などと受け取られがちですが、その特性が認められ、適応できている環境ではそれは「勤勉さ」「几帳面さ」となり、能力を発揮することができます。

### 自閉スペクトラム症の子どもへのかかわり方

●**より丁寧に、具体的に説明する**

　自閉スペクトラム症の子どもたちは、「理屈が通れば納得する」傾向がありますから、「なぜなのか」を、そのつど丁寧に教えましょう。また、例えば、相手を質問攻めにする子には、「質問は一度に3つまで」などと、わかりやすく具体的に示すことも大事です。

　相手の気持ちになることが難しい子には「そのくらいわかるはず」という対応は禁物です。理由をかみ砕いて説明し、論理的に理解させます。その際、視覚化を工夫したり、こちらの情や論理ではなく、その子の思考に添った理屈で説明したりすると、すっと納得してくれることがあります。

## 2 ADHD（注意欠如多動症）の子どもの理解

**アテンション・スパンや衝動性**

ADHDの子どもは、1つのことに集中できず興味関心がすぐにほかのことに向いてしまったり、忘れ物が多かったりなど、注意の継続時間が短く、注意の幅が狭い「アテンション・スパン」の課題を抱えています。また、考えるより先に行動してしまう、話すより先に手が出てしまう、といった衝動性も持ち合わせています。

さらに、「そこから飛び降りたら危ないよ」などと禁止を受けると、逆にやりたい気持ちがむくむくと頭をもたげ、注意を振り切って飛び降りてしまう…というような挑戦的な性分の子も多くみられます。

**元気でエネルギッシュ**

ADHDの子どもの多くは、子どもらしい素直な面を持ち合わせ、社交的で、チャレンジ精神旺盛でエネルギーにあふれています。

### ADHDの子どもへのかかわり方

●内なるエネルギーをコントロールする能力をつけ、自信を持たせる

ADHDの子どもは、よく「乱暴」「落ち着きがない」といわれてしまいますが、このあふれるばかりのエネルギーをほかのことに向ければよいのです。フェルプスやジョーダンの例のように、楽しみながらエネルギーを発散させられるスポーツとの出会いは彼らにとって大変重要です。彼らは、好きなことには集中できますし、集中時間が長くなれば、自信にもつながります。

そのうえで、好きなこと以外にも取り組む練習をさせてみます。最初は、3分集中して課題に取り組むなど、小さな我慢をさせ、そこから少しずつ時間を延ばして、自分自身をコントロールできる自信をつけさせます。

●否定するだけの対応や指導はNG

ADHDの子どもは、上から一方的に押しつけられると反発したくなる性分ですから、本人の「やりたい！」という自発的なチャレンジに沿って大人が協力することがポイントです。

「どうせできないんだから」などと頭ごなしに否定して、劣等感でプライドをつぶしてしまうような対応は厳禁です。「どうせ自分なんて」と、物事に取り組む気持ちがそがれてしまうと、秘めた可能性をつぶしてしまうばかりか、先に述べたように二次障害につながってしまいます。

## 3 LD（限局的学習症）の子どもの理解

**なまけているわけではない**

LDの子どもたちは「読む、書く、説明する、計算する」といった学習面でさまざまな問題を抱えています。そのため、特定の教科については「努力が足りない」「やる気がない」などといった誤解を受けやすくなります。

しかし、彼らは、努力を怠っているわけではありません。音読や書字、計算が苦手だったりするのは、生まれ持った脳の機能障害によるものなのです。

**すでにほかの子の何倍も努力している**

LDの子どもは、毎日学習上の不安に悩みながらも、けなげに学校に通っています。苦手分野の学習では、友だちの何倍もの時間をかけてやっと身につけています。「どうして自分だけ理解できないの？」と思いながら席に座っている気持ちを思うと、「なんてけなげで、頑張り屋なんだ」とほめたくなります。彼らは、困難さや苦手さから逃げることなく向き合ってくれている頑張り屋さんなのです。

### LDの子どもへのかかわり方

●達成感を持たせ、できるところをほめて伸ばす

LDの子は、自信をなくす体験を重ねることはあっても、ほめられるチャンスはあまりありません。しかも、学校でも家庭でも「やればできる！」と厳しくされていることが多く、これでは疲弊してしまいます。

大人はぜひ、その子なりに頑張ったことを見つけ、どんなに歩幅が小さくても伸びたところをほめてあげてください。そのためには、まず、その子が比較的得意としている「できること」を探すことです。苦手を克服する指導から入りがちですが、できるところを見つけて伸ばし、自信を育てることが「もっと頑張ってみよう」という意欲につながります。

なお、今まで述べたことは、子どもたちを理解し、指導に役立てるためのものであり、私たち教育現場の支援者が子どもの診断に用いるためのものではありません。診断はあくまで児童精神科医にしか行えないものであることを付け加えておきます。

しかし、診断の有無にかかわらず、あなたの周囲の「気になる子」に、もしこれらのような特徴がみられた場合は、かかわりのポイントを念頭におき、その子に合った言葉かけや接し方を工夫して指導を行っていただきたいと思います。そうすればその指導は、きっとさらに効果を発揮してくれるでしょう。

（阿部利彦）

**監修者**

**阿部 利彦**（あべ としひこ）
星槎大学共生科学部准教授。早稲田大学人間科学部卒業、東京国際大学大学院社会学研究科修了。東京障害者職業センター生活支援パートナー（現・ジョブコーチ）、東京都足立区教育研究所教育相談員、埼玉県所沢市教育委員会健やか輝き支援室支援委員などを経て現職。埼玉県特別支援教育推進委員会委員長、星槎大学附属発達支援臨床センター長、日本授業UD学会湘南支部顧問。著書は、『教科で育てるソーシャルスキル40 本物の力は良い授業で育つ！』（明治図書出版）、『通常学級のユニバーサルデザイン プランZero』（東洋館出版社）など。

**編著者**

**清水 由**（しみず ゆう）
筑波大学附属小学校教諭。東京学芸大学教育学部小学校教員養成課程卒業、筑波大学大学院修士課程体育研究科修了。東京都狛江市立狛江第七小学校を経て、現職。筑波学校体育研究会理事、授業ベーシック研究会理事、体育授業研究会理事・研究委員、初等教育研究会理事。日本スポーツ教育学会に所属。著書は、『「口伴奏」で運動のイメージ・リズムをつかむ体育授業』（明治図書出版）、『シンプルで子どもが伸びる体育の授業づくり―もっとやさしく、もっとかかわる新たな視点』（明治図書出版）など。

**川上 康則**（かわかみ やすのり）
東京都立青山特別支援学校主任教諭、特別支援教育コーディネーター。臨床発達心理士、特別支援教育士スーパーバイザー。立教大学経済学部卒業、筑波大学大学院修士課程体育研究科修了。東京都立城南養護学校、港特別支援学校を経て、現職。2013年よりNHK「ストレッチマンV」番組委員を務める。日本特殊教育学会、日本LD学会、日本授業UD学会、日本肢体不自由教育研究会、発達障害臨床研究会、つくば自立活動研究会に所属。著書は、『〈発達のつまずき〉から読み解く支援アプローチ』（学苑社）、『発達の気になる子の 学校・家庭で楽しくできる 感覚統合あそび』（ナツメ社）など。

**小島 哲夫**（こじま てつお）
沖縄県那覇市立城北小学校教諭。帝京大学文学部教育学科卒業。沖縄県那覇市立大道小学校、琉球大学教育学部附属小学校を経て、現職。日本授業UD学会沖縄支部長。著書は、桂聖編著・授業のユニバーサルデザイン研究会沖縄支部著『教材に「しかけ」をつくる国語授業10の方法 文学アイデア50』、『教材に「しかけ」をつくる国語授業10の方法 説明文アイデア50』（東洋館出版社、分担執筆）。

**著者**

渋谷　聡（しぶや さとし）星槎大学共生科学部准教授
松川 好孝（まつかわ よしたか）沖縄県那覇市立古蔵小学校教諭
山下 大晃（やました ひろあき）神奈川県箱根町立湯本小学校教諭
結城 光紀（ゆうき みつのり）埼玉県伊奈町立南小学校教諭
北村 尚人（きたむら なおと）神奈川県小田原市立鴨宮中学校教諭

# 気になる子の体育
## つまずき解決BOOK
### 授業で生かせる実例52

協力者一覧
編集協力……松永もうこ・依田美佳
装丁・デザイン……宮塚真由美
イラスト……立岡正聡・楢崎義信

この本は、下記を使用し、環境に配慮して製作しました。
CTP方式、植物油インキ、環境に配慮して作られた紙、PUR糊